本书系 2020 年东莞理工学院特色学科建设"应用经济学"项目（项目编号：2061008014）、2020 年广东普通高校创新团队"区块链和科技金融研究团队"项目（项目编号：2019WTSCX080）、东莞理工学院"科技金融重点实验室"项目（项目编号：KCYXM2019001）的科研成果

中国农村劳动力转移模式演进与嬗变

马光威　王　方　著

中国财经出版传媒集团

经济科学出版社
Economic Science Press

图书在版编目（CIP）数据

中国农村劳动力转移模式演进与嬗变/马光威，王
方著. — 北京：经济科学出版社，2021.12
ISBN 978-7-5218-3300- 3

Ⅰ.①中⋯　Ⅱ.①马⋯　②王⋯　Ⅲ.①农村劳动力-
劳动力转移-研究-中国　Ⅳ.① F323.6

中国版本图书馆CIP数据核字（2021）第255785号

责任编辑：谭志军
责任校对：隗立娜
责任印制：范　艳

中国农村劳动力转移模式演进与嬗变
马光威　王　方　著
经济科学出版社出版、发行　新华书店经销
社址：北京市海淀区阜成路甲28号　邮编：100142
总编部电话：010-88191217　发行部电话：010-88191522
网址：www.esp.com.cn
电子邮箱：esp@esp.com.cn
天猫网店：经济科学出版社旗舰店
网址：http://jjkxcbs.tmall.com
北京季蜂印刷有限公司印装
710×1000　16开　12印张　200000字
2021年12月第1版　2021年12月第1次印刷
ISBN 978-7-5218-3300-3　定价：58.00元

自　序

　　作为农村劳动力转移模式方面的一项学术研究成果，本书试图对改革开放后中国农村劳动力转移问题进行全面、系统的研究，理论演绎与数量实证相结合，归纳我国农村劳动力转移模式的演变规律，以期为我国新型城镇化建设与乡村振兴提供理论指导。

　　本书选题来源于笔者对中国人口城镇化进程的考察，相关内容构思的起点为我国城镇常住人口远超城镇户籍人口的结构现状，基于对该数量差异的思考，形成了以农村劳动力"暂时性转移－半永久性转移－永久性转移"为逻辑体系的转移模式递进演变研究框架，围绕三种转移模式驱动与制约因素的分析，是全书的核心研究内容；其中，关于半永久性转移模式的凝练与归纳更是论著的一项创新探索。

　　全书自 2018 年开始撰写，在此之前我们在相关研究领域先后发表过《韩国城镇化在跨越"中等收入陷阱"中的作用分析及经验借鉴》《基于"推拉理论"的农产品价格变化对农村劳动力转移的影响分析》等 CSSCI 索引来源期刊论文；在后期写作过程中又发表了 CSSCI 索引来源期刊论文《效用最大化、乡土羁绊与中国农村劳动力半永久性转移》《增长驱动环境下教育投入对农村劳动力永久性转移影响研究》，以及论文《收入最大化、教育补贴与中国农村劳动力永久性转移》和 SSCI 索引来源期刊论文 "A Theoretical and Empirical Study on the Impact of Investment in Education on the Permanent Migration of Rural Labor in China"，为本书撰写与成稿奠定了良好的基础。

　　由于日常教学与科研任务较重，2020 年底全书基本成稿，写作过程历时近三年。全书共十一章，撰写过程分工如下：第一章至第四章由王方整理，后期由马光威进行编辑、撰写与修改；第五章至第九章主要由王方撰写，写作过程中马光威参与理论模型讨论，并协助进行了实证数据搜集；第十章及

1

第十一章由王方撰写；全书初稿完成后，由马光威进行统一润色与修订。考虑到学术性著作，读者群体较少，2021年，笔者再次对著作部分内容进行了一些非学术化处理，并添加了国外农村劳动力转移模式的相关内容，形成了本书当前版本。

从内容看，本书适宜于农村劳动力转移领域的国内学者阅读，也适宜于农村劳动力转移管理部门的政策制定者阅读。在阅读过程中，如果对书中理论推演或实证检验过程不感兴趣，可直接跳阅相关分析结论，在复杂的理论分析与实证检验背后，全文框架及结论都非常易于理解与接受。

本书出版得到了2020年广东普通高校创新团队项目"区块链和科技金融研究团队"（项目编号：2019WTSCX080）、东莞理工学院"科技金融重点实验室项目"（项目编号：KCYXM2019001）、2020年东莞理工学院特色学科建设"应用经济学"（项目编号：2061008014）、2020年微观经济学"课程思政"示范课程建设项目（项目编号：202002012）等基金项目的支持，特别是2020年东莞理工学院特色学科建设"应用经济学"（项目编号：2061008014）项目的费用支持使得本书得以顺利出版，特此表示感谢！

希望相关知识与观点对读者理解我国当前的社会发展现状略有帮助，期颐相关政策建议为我国农村人口城镇化进程与乡村振兴战略实现贡献一份微薄力量。

马光威

2021年10月

前　言

2018 年 10 月 10 日，中国国家发展改革委员会办公厅发布《关于督察〈推动 1 亿非户籍人口在城市落户方案〉落实情况的通知》，再次将农村人口城镇化问题聚焦为社会热点，标志着中国政府对农村人口转移问题的持续高度重视。改革开放至今，中国农村劳动人口一直是社会流动劳动人口的主体，是经济发展过程中中国人口红利兑现的载体；农村劳动人口的持续有序转移，对中国经济的持续发展至关重要。近年来，中国经济增速下滑且增长乏力；与此同时，农村人口向城镇转移遇到瓶颈，沿海发达城市出现"用工荒"，中国经济增长与农村劳动人口转移呈现出"双瓶颈"。在这样的背景下，国家提出新型城镇化建设战略规划与乡村振兴战略，一定程度上揭示了中国农村劳动力转移问题既是中国经济持续增长必须面对的问题，也是建设新时代中国特色社会主义的重要途径之一。因此，本书选择对新型城镇化与乡村振兴背景下中国农村劳动力转移模式相关问题进行研究具有重要的理论及现实意义。

总体来看，《中国农村劳动力转移模式演进与嬗变》（文中简称"本书"或"论著"）是关于新型城镇化与乡村振兴背景下中国农村劳动力转移模式的理论研究与实证分析，在转移模式演变的现实基础上，为解释与探索中国农村劳动力转移问题提供了一个基于时间维度的理论分析框架。论著从农村人口转移基础理论、城镇化理论和前沿经济学理论出发，运用行为分析、因素分析及均衡分析等经典经济学分析工具和计量回归分析等经济前沿分析工具，建立了关于农村劳动力暂时性转移、半永久性转移与永久性转移三种转移模式的理论分析模型，利用农村人口转移相关现实数据对论著构建的理论模型及其结论进行实证，较为全面地分析了新型城镇化与乡村振兴背景下中国农村劳动力三种转移模式的嬗变关系及驱动因素。特别是计量回归分析、VAR 等经济前沿分析方法的应用，把传统的农村劳动力转移问题与现代经济前沿思想结合起来，将经济社会变迁、劳动力转移和区域经济增长串联在一起，从而对现有农村劳动力转移理论进行了创新与探索，为中国当前人口城镇化进程提供一定的实践指导。具体来说，全书共六大部分：

第一部分是理论与现实基础，即第一至四章。本部分阐述了全书撰写的背景与缘由、结构与思路；回顾了国内外关于农村劳动力转移的基础理论及研究现状，重点回顾了关于中国农村劳动力转移模式的已有研究成果；回顾了中国农村劳动力转移的历程，描述了转移的现状，并对发展趋势及存在的主要问题进行了归纳分析。

第二部分是转移模式归纳与借鉴，即第五至六章。本部分依托中国农村劳动力转移的规律总结，对以时间轴为核心的转移模式演进路径与存在问题进行分析；同时，着重介绍了国外农村劳动力转移的模式，通过经验归纳对我国转移模式相关问题研究与探索予以启示。

第三部分是第七章，是基于推拉理论对农村劳动力暂时性转移进行的规范和实证分析。本部分首先对农村劳动力的暂时性转移模式进行阐释；然后利用推拉理论对新型城镇化背景下农村劳动力的暂时性转移进行理论分析，在单因素冲击假设条件下，构建了暂时性转移的 VAR 模型，运用前沿计量经济学方法和 Eviews 数据分析工具，利用中国社会经济现实数据，对理论模型及其结论进行了验证，特别是实证分析了农村与城镇劳动力可支配收入差距等变量与农村劳动力转移数量之间的关系；最后对农村劳动力暂时性转移模式进行全面系统的分析。

第四部分是第八章，基于动态均衡分析法和因素分析法对农村劳动力半永久性转移的理论研究与实证分析。本部分以个体收益最大化的均衡分析为主要分析方法，利用两部门间存在的年龄、城镇工作收入、受教育程度、乡土情结等转移影响因素，构建最大化选择理论模型，对中国农村劳动力转移后在城镇半永久性定居及保留这种状态的抉择进行理论研究与实证分析。

第五部分是第九章，基于企业救助模型的动态均衡理论分析与基于线性回归分析方法的实证分析。首先，对中国农村劳动力的永久性转移模式进行介绍与分析，在此基础上，围绕教育投入影响构建农村劳动力永久性转移的动态均衡模型，对教育投入的永久性转移驱动作用机理进行理论探究；其次，利用我国相关经济数据，验证了农村劳动力永久性转移数量与劳动收入、教育投入、医疗投入及公共基础设施投入间的线性拟合关系，对理论模型及其结论的基本正确性进行了检验，特别是实证了教育投入是农村劳动力永久性转移的关键影响因素。

第六部分是第十至十一章，是全书的结束和总结部分。本部分得出了研究内容的主要结论，并提出一系列有利于中国农村劳动力转移的策略及政策建议；最后指出了研究成果的不足之处并对下一步研究工作进行了展望。

本书研究发现：

1. 中国农村劳动力转移进入减速阶段，一方面，农村劳动力向城镇转移速度降低，另一方面，中国仍然存在大量的农村人口，农村劳动力转移呈现出"虚假刘易斯拐点"，但总的转移趋势不可逆转，仍然存在较大的转移数量空间。

2. 从转移的时间维度看，中国农村劳动力转移模式可以归纳为暂时性转移、半永久性转移和永久性转移三种，且随着社会发展，三种模式之间存在递进的嬗变关系；三种转移模式核心影响因素各异，其中，暂时性转移为收入差距，半永久性转移为终身收益最大化，永久性转移为教育投入。

3. 受户籍、社会保障、乡土羁绊、教育投入等因素的制约，短期内中国农村劳动人口的半永久性转移已成为主要转移模式，调整现有制度迎合农村劳动力半永久性转移模式的需要，成为中国农村劳动人口转移的主要策略选择。

4. 全面加大公共教育投入力度，尤其是农村基础教育投入力度，才能有序推动农村劳动人口永久性转移，否则容易导致无效城镇化。

目 录

第一章 导 论……………………………………………………1

  第一节 背景及价值 ……………………………………………1

  第二节 概念范围与思路 ………………………………………5

  第三节 小 结 ………………………………………………12

第二章 农村劳动力转移相关理论与研究………………………15

  第一节 农村劳动力转移理论 ………………………………15

  第二节 相关研究回顾与评析 ………………………………22

  第三节 小 结 ………………………………………………31

第三章 新中国农村劳动力转移历程回顾………………………33

  第一节 严格管控，限制流动 ………………………………33

  第二节 放松管制，相对自由 ………………………………37

  第三节 鼓励落户，促进流动 ………………………………41

  第四节 小 结 ………………………………………………43

第四章 中国农村劳动力转移现状分析…………………………45

  第一节 转移基本特征分析 …………………………………45

  第二节 就业状况分析 ………………………………………49

  第三节 转移驱动因素分析 …………………………………51

  第四节 社会影响分析 ………………………………………52

  第五节 小 结 ………………………………………………53

第五章　中国农村劳动力转移模式演进路径 ················· 55
　第一节　农村劳动力转移模式的演进路径 ············· 55
　第二节　农村劳动力转移模式演进问题研究 ··········· 58
　第三节　小　结 ····································· 60

第六章　国外农村劳动力转移模式借鉴 ··················· 61
　第一节　自由迁移的美国模式 ······················· 61
　第二节　英国农村劳动力转移模式 ··················· 66
　第三节　日本农村劳动力转移模式 ··················· 72
　第四节　小　结 ····································· 78

第七章　中国农村劳动力暂时性转移理论与实证分析 ······· 79
　第一节　问题提出 ································· 79
　第二节　理论分析 ································· 82
　第三节　基于 VAR 模型的实证检验 ················· 87
　第四节　小　结 ····································· 92

第八章　中国农村劳动力半永久性转移理论与实证分析 ····· 95
　第一节　问题提出 ································· 95
　第二节　理论模型分析 ····························· 98
　第三节　实证检验 ································ 103
　第四节　小　结 ···································· 109

第九章　中国农村劳动力永久性转移理论与实证分析 ······· 111
　第一节　问题提出 ································ 111
　第二节　理论模型分析 ···························· 114
　第三节　实证检验 ································ 120
　第四节　小　结 ···································· 126

第十章　中国农村劳动力转移对策建议 ················· 127
　第一节　建立有利于农村劳动力转移的制度安排 ······ 127
　第二节　加大有利于农村劳动力转移的要素投入力度 ···131

　　第三节　打造支撑农村劳动力转移的产业土壤 ·············· 134
　　第四节　小　结 ··· 137

第十一章　结　语·· 139
　　第一节　研究结论 ··· 139
　　第二节　探索展望 ··· 142
　　第三节　结束语 ··· 144

附　录
　　附录一：1949～2020 年中国人口城镇化相关数据 ·········· 145
　　附录二：中国农村劳动力转移相关政策 ······················· 148
　　附录三：中国农村劳动力暂时性转移数据 ···················· 150
　　附录四：中国农村劳动力转移调查问卷 ······················· 152
　　附录五：中国农村劳动力永久性转移数据 ···················· 154

参考文献··· 167
后　记·· 177

第一章

导　论

　　进入新时代中国特色社会主义建设阶段之后，中国经济增速进入新常态，国民财富总量持续增加，然而，以农业、农村、农民为核心的"三农"问题依然是中国社会发展无法逾越的，大量的农村剩余劳动人口有待转移至城镇工作生活。在以国内大循环为主体，国际国内双循环的新发展格局下，有效解决长期困扰中国的"三农"问题或许会成为我国乃至全球未来经济持续发展的关键。正是在这样的背景下，本书选择对农村劳动力转移模式的演进与嬗变进行探索，以提升有效人口城镇化率的方式献策中国"三农"问题。

第一节　背景及价值

一、时代背景

　　发达国家的发展经验表明，城镇化通常伴随着工业化，伴随着非农产业在城镇的集聚及农村人口向城镇的集居，这是人类社会发展的客观规律，是一个国家或地区进入现代化的重要标志。新中国成立至今，中国的人口城镇化进程取得了举世瞩目的成绩。2021 年 2 月，中国国家统计局发布的《2019 年国民经济和社会发展统计公报》显示，截至 2019 年 12 月 31 日，全国大陆人口总数为140 005 万，其中，城镇常住人口 84 843 万，占总人口比重（即常住人口城镇化率）为 60.60%，户籍人口城镇化率为 44.38%。根据附录一可知，改革开放以来，中国人口城镇化率持续快速提升，城镇人口占总人口的比例由 1978 年的

17.92% 上升至 2019 年的 60.60%，大量的农村劳动人口至城镇就业生活，为国内经济持续快速增长提供了劳动人口基础。

此外，《2019 年国民经济和社会发展统计公报》显示，京津冀、长三角、珠三角三大城市群，以 2.8% 的国土集聚了全国 18% 的人口，创造了 36% 的国内生产总值，大城市尤其是城市群或都市圈已经成为我国经济社会发展的增长极，展示着改革开放后我国城镇化取得的巨大成就。然而，我国当前的城镇化进程并非一帆风顺，截至 2020 年底，中国仍有 6 亿多人口生活在农村，有约 1.28 亿农村人口生活在城镇仍然保有农村户籍，农村劳动力转移问题仍然是我国社会的焦点问题。遗憾的是，近年来中国农村劳动人口转移呈现出以下趋势：

一是农民进城务工人数增速回落。根据国家统计局发布的《农民工监测调查报告》统计数据显示，2017 年全国农民工总量 28 652 万人，比上年增长 1.5%；其中，外出农民工 16 934 万人，增长 0.3%。然而，2019 年全国农民工总量 29 077 万人，比上年增长 0.8%；其中，外出农民工 17 425 万人，增长约 0.9%。[①] 从以上数据对比可知，近年来我国进城务工农民数量增长缓慢，增速趋于下降。

二是部分沿海工业化城市制造业用工不足。2008 年后，我国沿海经济发达地区开始出现"用工荒"。2011 年初，包括东南沿海地区在内的沿海经济发达地区"用工荒"再次出现，并且缺工的时间不断提前，涉及的行业、企业、区域有持续扩大的态势，随后几年"用工荒"问题仍然时常出现（张春龙等，2015）。据浙江地区就业服务局的统计数据显示，2011 年金华（含义乌）用工缺口 2.3 万人，温州用工缺口达 19 万人，嘉兴用工缺口达 6 万人（蓝琦，2014），用工不足程度可见一斑。

三是已进城农民返乡创业人数不断增加。近年来，随着我国经济增速下降，城镇劳动力就业压力不断增大，大量已进城生活多年的农民工加入创新创业大军，返回农村创业。据农业农村部乡村产业发展司统计，2018 年 1～10 月，我国返乡下乡创业创新人员达 740 万人，非农创业人员达到 300 万人，增幅均保持在两位数左右。其中，包括农民工、农村背景的大学生、退役军人和科技人员，这部分人具有两个"40"特征，即：平均年龄在 40 岁，40% 的人拥有高中学历，这批高素质人员，已然成为精准扶贫的主力军，推动乡村振兴的生力军（李玉坤，2018）。

---

① 数据来源于中国国家统计局发布的《2015～2019 年农民工监测调查报告》。

鉴于对诸如此类现象的思考，十多年前国内已有学者认为中国农村劳动力转移出现了"刘易斯拐点"[①]，"剩余劳动力大量供给"的过剩时代正在消失（蔡昉，2007），农村进城人口的低成本带来工业快速发展和城市简单扩张的时代正在远离。遗憾的是，截至2019年底，中国仍有近45%的人口为农村人口，以农业、农村与农民为核心的"三农"问题依然存在，大量的农村剩余劳动力有待转移至城镇就业，中国二元经济结构转型仍然是一个不可回避的问题。根据刘易斯二元经济模型的相关概念与理论可知，"刘易斯拐点"应该在二元经济转变为一元经济后才出现，出现"刘易斯拐点"时城乡就业结构应趋于稳定（李文溥等，2015），显然这与中国当前的社会现实并不相符。

与此同时，学术界对于中国人口转移的"刘易斯拐点"是否已经出现，尚存在较大的争议。一些学者应用刘易斯模型的理论逻辑，从资本收益与劳动力工资变动相互联系的视角出发，对中国"刘易斯拐点"的相关问题进行了探讨，认为中国经济的"刘易斯拐点"到来的特征并不明显（余宇新等，2011）。甚至有学者利用发展经济学基础理论与中国经济发展的基本情况进行对比分析，否认"刘易斯拐点"相关人口转移理论在中国的适用性（李文溥等，2015）。

显然，无论是从现实层面看，还是理论层面来看，如何推动农村人口转移都是当前中国经济社会发展必须面对的问题。在中国进入新时代社会主义建设历史重大转折时期，为进一步推动农村人口转移，中国各级政府对城镇化水平的提升给予了高度重视，中国共产党第十八次全国代表大会提出"新型城镇化"概念，到2020年努力实现1亿左右农业转移人口到城镇落户，明确"新型城镇化"是以城乡统筹、城乡一体、产业互动、节约集约、生态宜居、和谐发展为基本特征的城镇化，是大中小城市、小城镇、新型农村社区协调发展、互促共进的城镇化。同时，明确加快改革户籍制度，有序推进农业转移人口市民化，努力实现城镇基本公共服务常住人口全覆盖。2014年3月16日，新华社发布中共中央、国务院印发《国家新型城镇化规划（2014～2020年）》，明确指出："我国已进入全面建成小康社会的决定性阶段，正处于经济转型升级、加快推进社会主义现代化的重要时期，也处于城镇化深入发展的关键时期，必须深刻认识城镇化对经济社会发展的重大意义，牢牢把握城镇化蕴含的巨大机遇，准确研判城镇化发展的新趋势新特点，妥善应对城镇化面临的风险挑战"。2017年

[①] 刘易斯拐点指劳动力过剩向短缺的转折点，在工业化进程中，随着农村富余劳动力向非农产业的逐步转移，农村富余劳动力逐渐减少，最终达到转移的瓶颈状态。

10月18日，中国共产党第十九次全国代表大会报告指出"以城市群为主体构建大中小城市和小城镇协调发展的城镇格局，加快农业转移人口市民化"，再次体现了政府对于农村劳动力转移的高度重视与政策支持，也明确了中国政府对中国城镇化进程在经济建设过程中的重要性的认识。2021年2月21日，新华社正式发布了2021年中央一号文件《中共中央 国务院关于全面推进乡村振兴 加快农业农村现代化的意见》。

正是在这样的历史背景下，本书选择中国农村劳动力转移问题作为探索对象，为推动全面建设小康社会献计献策，针对不同影响因素的农村劳动力转移模式研究与分析显得异常重要，这也是本书探索的重心所在。

二、理论与应用价值

在中国实现"新型城镇化建设"过程中，劳动力从传统部门（农业）、传统地区（农村）向现代部门（新型工业与服务业）、现代地区（城镇）的转移不可避免，并且这种人口转移是实现国内经济增长的必由之路。本书通过对农村劳动力转移模式的探索与分析，为解决当前中国城镇化进程面临的问题提供了理论分析框架，并基于经济学基础理论，依托因素分析法、均衡分析法等新古典分析方法与 VAR 模型、截面回归模型及线性回归模型等经济前沿模型的理论分析与实证检验，将宏观经济理论寓于现实问题中，增强了论著的理论及现实意义。具体来讲，本书主要有以下几个方面的研究价值。

（一）为当前我国农村劳动力转移面临的一些问题提供释疑

中国当前"新型城镇化"与"乡村振兴"国家战略实施，均无法回避农村劳动力转移问题；基于此，本书试图对我国当前农村劳动力转移面临的几个问题进行解释。

首先，当前如何增强农村劳动力向城镇转移的意愿问题，即农村人口向城镇暂时性转移的意愿持续下降问题。

其次，为什么会有大量的半永久性转移群体存在？即农村劳动力举家搬迁进入城镇生活，但不愿意将户籍迁入城镇的问题。

最后，"新型城镇化"与"乡村振兴"背景下，农村劳动力永久性转移的真实推手是什么？即"常住人口"转化为"户籍人口"的驱动问题。

（二）为农村劳动力转移问题后续研究提供一个理论分析框架

农村劳动转移模式随着社会发展，呈现出递进式的转移方式。本书通过构建以暂时性转移、半永久性转移和永久转移三种模式为基础的分析模型，对三种模式下农村劳动力转移问题展开分析，为农村劳动力转移提供了一个全新的理论研究框架。更进一步的是，在此基础上，对三种转移模式的演进与嬗变过程进行研究，为新型城镇化与乡村振兴背景下农村劳动力转移进行理论探索提供一定的理论指导。

（三）为新型城镇化建设和乡村振兴战略实践提供建议

在国家提出"新型城镇化"建设之后，政府出台了以《推动1亿非户籍人口在城市落户方案》为核心的一系列政策措施，针对劳动力流动进行了一些规划。本书从学术研究的角度，结合对农村劳动人口转移模式的分析，围绕农村劳动人口转移的驱动力，为中国进一步推动人口城镇化与乡村振兴提供一些可操作的建议，为相关政策或制度的制定提供理论依据。

第二节　概念范围与思路

如前文所述，在新型城镇化建设背景下对中国农村劳动力转移问题进行研究具有重要的理论价值与实践价值。为了更好地深化研究内容、聚焦研究思路与范围、探索研究结论，本节内容对全书的研究边界、研究思路与研究方法进行归纳阐述。

一、基本概念与核心内容

（一）基本概念介绍

为避免文字上的争议，进一步明确本书研究范围，特别是为后文各部分实证分析数据的选择和处理，此处对文中使用的一些基础概念进行界定。

1. 核心概念一：农村劳动力转移模式

劳动力转移模式指农村劳动力受不同动力驱使呈现出具有不同转移特征的人口城镇化类型。随着我国改革的不断深化，在社会转型以及城镇化建设不断推进的背景下，农村劳动力源源不断地从农村迁入城镇，人口流动性逐渐增强，与此同时，农民工的转移模式也逐渐发生着转变，转移模式日渐复杂化和多元化（梁辉等，2014）。常见农村劳动力转移模式有很多种分类方式，诸如梯度转移模式、家庭转移模式、跨区域转移模式及递进转移模式等。

从转移模式概念看，转移驱动力不同是关键，最终呈现出不同转移模式下的人口转移所面临的各种复杂状况，尤其围绕时间维度的转移模式划分，构成了本书的核心理论框架。

从研究内容看，本书依据农村劳动力的城镇生活居住时间及户籍状况对转移类型进行划分，将以往研究所阐述的"暂时性转移"细分为"暂时性"和"半永久性转移"两类，以时间维度的转移模式最终呈现为暂时性转移、半永久性转移和永久性转移三种。

2. 核心概念二：暂时性转移

暂时性转移指农村户籍人口为赚取一定的收入而流动到城镇短期务工，以居住在农村为主而暂时居住城镇的人口流动类型。这一群体短期工作完成后或者工作期间也经常回到农村居住，他们熟悉农村农业生产，农忙时回到农村做农活，农闲时为了挣钱再到城市寻找短期工作，城市只是其挣钱的场所，他们对城市生活没有什么过高的期望，也没有归属感，认为农村才是他们的根，所以不会在城市长期生活居住。农村劳动力的这种暂时在城镇居住和工作的状态称为暂时性转移。至于为什么会存在大量的暂时性转移群体？国内外学者都做了大量的研究，本书第七章进行深化阐述。

3. 核心概念三：半永久性转移

半永久性转移指农村户籍人口长期居住在城镇，已经习惯了城市的生活，很少再回到农村，绝大部分时间都在城市，并且未来仍然愿意长期在城镇工作的人口流动类型。半永久性转移劳动人口的家人、孩子也许和他们一起在城市，他们在城镇工作岗位购买了社会保险和养老保险，但由于户籍在农村，农村还有其他亲戚等人际关系以及土地、房屋等不动产，所以偶尔回家居住或探亲。这类人群拥有农村户籍和土地，但其中很多人已经不再熟悉农业生产，也不再从事农业劳动，其中有愿意也有不愿意在城镇永久性居住或者落户在城镇的，但由于城镇的各种政策和自身的能力限制，使得那些愿意的农民不具备永久性居住或落户在城镇的条件，虽然他们长期在城镇生活，但是却没有真正永久性地转移至城镇，处于迁移和不迁移的摇摆状态。本书将农村劳动力的这种暂时在城镇居住和工作的状态定义为半永久性转移。半永久性转移状态是一种客观存在，遗憾的是在以往的研究中，很少有学者明确提出或者说能给予明确概念，相关研究成果则比较少。

4. 核心概念四：永久性转移

永久性转移指农村劳动力由于在城镇学习、工作和长期居住，习惯了城镇的生活方式，要在城镇永久居住生活，并且将户籍从农村迁入城镇，拥有城镇户籍的人口流动类型。这种转移类型的主要群体为接受高等教育的农村学生和部分经商成功的农村进城务工人员。永久性转移劳动人口对城市生活充满了向往和期待，他们在城镇生儿育女，虽然父母或其他亲戚或许依然生活在农村，但随着户籍的转移，该群体基本失去了农村的耕地和宅基地，他们已经无力从事农业生产，也不再愿意回到农村去生活，即便回去也无法再融入农村乡土社会。农村劳动力的这种永久性在城镇居住和工作的状态属于永久性转移。这一转移模式也是当前我国新型城镇化建设与乡村振兴战略实施力推的人口流动方式。

（二）核心内容介绍

通常讲，农村劳动力转移及城镇化的研究范围比较泛，诸如转移成本、文化融入、收入保障、身份认同等，太多的专业性问题有待于探索与深化，有限的篇幅基本无法涵盖全部问题。为了更好地聚焦研究主题及呈现内容，此处对本书研究范围做了如下界定。

1. 核心内容一：中国农村劳动力转移模式理论研究体系构建

本书以探索推动农村剩余劳动人口转移为出发点，围绕新型城镇化发展与乡村振兴，基于农村劳动力转移的不同影响因素，构建了暂时性转移、半永久性转移和永久性转移的农村劳动力转移模式研究体系框架；针对不同转移模式的驱动因素进行理论与实证分析，围绕三种转移模式的演变路径进行探索，为如何更好地推进中国新型城镇化建设和乡村振兴实践献计献策。

2. 核心内容二：收入增长激励与农村劳动力暂时性转移

农村劳动力暂时性转移模式的理论与实证研究，尤其是暂时性转移的动力分析为本书研究的核心内容之一。一方面，农村劳动力暂时性地流入城镇务工，核心驱动因素是乡村与城镇之间存在的收入差距，同样的劳动时间和劳动强度，劳动力报酬之间的差距越大，农村劳动力转移的动力越强；另一方面，随着农业科技的不断进步，农业作业难度不断降低，作业时间不断缩短，导致农业就业人员较长时间处于赋闲状态，进入城镇务工可以增加年收入，提升生活水平。

从当前我国的人口结构看，农村劳动力暂时性转移这一模式在一定时期内必将长期存在。因此，在新型城镇化建设与乡村振兴战略实施背景下，分析收入差距等因素对农村劳动力暂时性转移的影响意义不言而喻。

3. 核心内容三：终身收益最大化与农村劳动力半永久性转移

农村劳动力半永久性转移模式的理论与实证研究，尤其是农村劳动力的城镇工作搜寻与终身收益最大化选择，是本书研究的核心内容之一。农村劳动力举家搬迁进入城镇生活，但户籍仍然保留在农村，而且在农村拥有耕地和宅基地等不动产资源，是怎样的动力导致该种类型转移模式的存在？其背后的逻辑又怎样的？又如何才能促使该类转移人群永久性地在城镇生活？诸如此类问题的解答是本书研究的重点。因此，对这一客观存在的转移模式进行研究，对我国当前的人口转移政策的制定具有一定的理论意义。

4. 核心内容四：教育投入与农村劳动力永久性转移

在我国实施乡村振兴战略的窗口期，乡村振兴并不代表需要将农村劳动力保留在乡村，而是继续将农村的剩余农业从业人员转移到其他产业。因此，从长远看，农村劳动力的永久性转移是新型城镇化建设的重中之重，如何实现农村人口转移到城镇生活而且抛弃农村已有的利益羁绊，才是城镇化建设突围的重点。因此，农村劳动力永久性转移模式的理论与实证研究，尤其是对永久性转移根本动力识别与研究，是本书研究的核心内容之一。本书研究结果表明，不管从哪一个角度看，教育投入都是农村劳动力永久性转移的根本动力。

二、撰写思路

二元经济理论作为本书研究的基础，是存在农村劳动人口转移的前提。通过对中国当前面临的二元经济现状进行描述，理论层面支撑了本书对农村劳动力转移几种模式的诠释。同时，借助"推拉理论"作为转移的动力来源，为本书构建向量自回归模型与回归分析模型提供了理论基础。新古典经济理论更好地探讨了农村劳动力在转移与不转移间选择的均衡分析，研究转移主体在面对众多推拉因素影响时，如何做出抉择来获取利益最大化。中国特色社会主义理论以当前面临的制度改革作为研究立足点，强调制度改革的重要性，围绕制度变化对转移因素的影响，进而形成对劳动人口转移的影响分析。几种理论共同构筑了本书暂时性转移、半永久性转移和永久性转移三种递进转移模式的理论框架。本书的研究思路是在这种转移模式研究框架的基础上，灵活应用理论模型分析与计量回归分析，建立更加适合中国国情的理论与实证模型，以更好地

解释中国当前所面临的农村劳动力转移问题,为进一步的新型城镇化发展提供建议。具体内容如下:

第一章是导论。作为全书的导言,本章主要阐述了论著所研究问题的背景、缘由、理论价值和应用价值,以及所采用的研究框架、研究方法和创新与不足,并对文中的基本概念和研究内容进行了清晰界定。导论是本书的基本概略,对整篇论著起到概述作用。

第二章是农村劳动力转移相关理论与研究。作为全书的理论基础,本章回顾了国内外关于农村劳动力转移的基本理论及研究现状,其中,重点回顾了转移模式方面的研究成果。在对已有文献进行整理的基础上,提炼了本书的理论分析框架,即运用因素分析、收益最大化分析与动态一般均衡分析等理论分析方法和 VAR、多项 Logistic 与线性回归等实证分析方法来研究农村劳动力转移问题。

第三章是新中国农村劳动力转移历程回顾。本章主要对中国农村劳动力转移的历程进行归纳与描述,将 2012 年之前我国农村劳动力转移划分为三个阶段,分别进行了阐述与研究。该内容是基于中国国情进行的农村劳动力转移模式历程的独特性探讨,其作用是奠定全文研究的现实基础。

第四章是中国农村劳动力转移现状分析。本章主要对中国农村劳动力转移的现状与存在的问题进行归纳,分析了我国农村劳动力转移的基本特征、就业状况与驱动因素。该内容是关于中国农村劳动力转移模式现状的论述与分析,其作用是深化全文研究的现状基础。

第五章是中国农村劳动力转移模式演进路径。本章构建了中国农村劳动力暂时性转移、半永久性转移与永久性转移模式的研究逻辑体系,并对三种转移模式之间的演进与嬗变关系进行研究,提炼了中国农村劳动力转移模式演进的路径,对转移模式存在的问题进行分析。

第六章是国外农村劳动力转移模式借鉴。本章主要对美国、英国与日本的农村劳动力转移模式进行回顾与介绍,以前述三国的农村劳动力转移历程为基础,提炼转移经验与启示,构成论著研究的相关政策建议的借鉴来源。

第七章是中国农村劳动力暂时性转移理论与实证分析。本章运用二元经济基础理论与 VAR 分析方法,利用近年来中国城乡居民收入差距、通货膨胀、受教育程度、农业技术进步等有关数据,结合农村劳动人口暂时性转移数量与相关变量之间的因果关系,对中国农村劳动力暂时性转移模式进行理论与实证研究,得出了一系列有价值的结论。

第八章是中国农村劳动力半永久性转移理论与实证分析。本章以动态搜寻模型为基础，围绕个体生命周期收益最大化选择对中国农村劳动力的半永久性问题进行均衡分析；同时，运用多项 Logistic 模型对相关理论模型结论进行了实证检验。

第九章是中国农村劳动力永久性转移理论与实证分析。本章以企业救助模型为基础，将教育投入视为一种独特生产要素，构建动态均衡分析模型，对教育投入的人口迁移驱动效应进行理论分析；同时，利用线性回归分析工具对中国农村劳动力的永久性转移问题进行实证研究，运用 STATA 软件工具对教育投入、第二、第三产业发展等因素与农村劳动力永久性转移数量之间的线性关系进行拟合，并对如何推动农村劳动力永久性转移提出一些可操作的建议。

第十章是中国农村劳动力转移对策建议。本部分在一至九章研究内容的基础上，归纳了全书的主要结论，并提出一系列促进中国农村劳动人口转移的政策建议，最后指出未来需要进一步深化研究的问题和方向。

第十一章是全书结语。

三、研究方法

本书选题采用的主要研究方法既重视经济学经典和主流（如均衡分析、边际分析等），也注重前沿和新颖（如 VAR 模型、计量回归分析等）。具体研究方法介绍如下：

（一）规范研究与实证研究相结合

规范研究是本书的研究方法基础，特别是各种理论模型的建立与推导。本书在发展经济学理论和新古典经济理论的框架下，以前沿经济理论研究模型和市场均衡研究模型为基础，围绕农村劳动人口转移问题建立了更加契合中国实际的转移分析模型并加以推导，得出了一系列结论（或引理）。然后，利用中国农村劳动人口转移的现实数据对这些结论进行了数量检验。在理论模型设置与推导过程中，本书应用了均衡分析（动态均衡、局部均衡）、经济前沿分析和因素分析方法，且运用了边际分析方法等主流经济学分析工具。在实证检验中，充分收集中国社会农村劳动力转移相关数据，运用向量自回归（VAR）、多项 Logistic、线性拟合等计量分析工具，呈现了规范研究与实证研究的结合使用。

（二）均衡分析与边际分析相结合

微观经济学沿着均衡分析和边际分析两个路径进行发展，其核心是消费者效用最大化和生产者利润最大化等局部市场的均衡分析，最后都归结为基于社会福利最大化的瓦尔拉斯均衡（Walrasian Equilibrium）即一般均衡分析。本书在农村劳动力半永久性转移分析中，围绕农村劳动力收益最大化选择构建了进城务工获取工作的动态搜寻模型，在对模型的均衡分析中，使用了边际收益和边际成本等基于微观经济的经典分析工具，实现了均衡分析与边际分析的有效结合。

（三）静态分析与动态分析相结合

农村劳动力转移本身就是一个动态变化过程，还存在一定的跨期影响，但鉴于研究时间和能力的限制，本书仅就我国三种农村劳动力转移模式的推动因素进行静态分析、比较静态分析和动态分析。

首先，城镇化本身就是一个动态概念，是人口从农村向城镇转移的动态过程，在分析人口城镇化问题时难免会运用动态分析方法。

其次，人口城镇化率或城镇人口数量又是一个静态概念，不管是分析人口城镇化驱动力，还是分析人口城镇化影响，其分析重点主要针对某时点的静态状况进行，而且在分析不同时点人口城镇化的异同时，会穿插使用比较静态分析方法。

（四）定性分析与定量分析相结合

在以往学术研究中，定性分析与定量分析通常都是如影随形的，本书也不例外。

从定性分析的视角，本书从中国农村劳动力转移的历程与现状分析入手，探讨了中国农村劳动力暂时性转移、半永久性转移和永久性转移，在对转移影响因素的研究中主要运用了定性分析方法。

从定量分析的视角，对于与转移相关要素的变化影响机理的实证中，主要应用了定量分析的方法，包含但不限于 VAR、多项 Logistic、线性回归分析等，希望通过中国现实经济发展数据的计量分析对本书所建立的理论模型进行检验，以便于更好地解释中国的情况。

本书研究技术路线如图 1-1 所示，相关研究方法应用于项目不同的研究内

11

容中。其中，基于搜寻模型的收益最大化分析应用于半永久性转移研究中，是本书的核心学术研究方法。

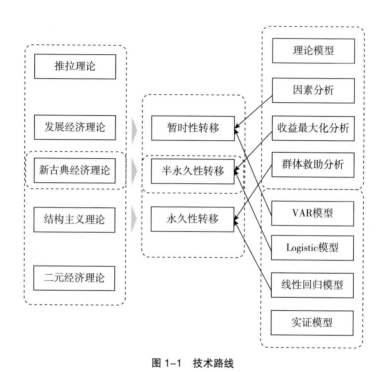

图 1-1　技术路线

第三节　小　结

从中国农村劳动力转移的现状背景出发，首先，明确了本书研究的内容与初心，结合笔者的切身体会，阐述了所研究问题探索的理论价值和现实意义。其次，为避免理解误差，对文中使用的新型城镇化、农村劳动力转移模式等基本概念进行了界定。最后，梳理了全书的核心内容。结合研究的逻辑思路，对全书的研究结构与框架进行了归纳，并对使用的研究方法进行了提炼与阐述。

从研究背景看，笔者出生于 20 世纪 80 年代，置身于中国人口城镇化进程中，对这个时代的变迁颇有感悟。在研究内容构思中，关于农村劳动力为什么会离开农村，又缘何返回农村？没有深刻的体会，很难通过简单的数据分析，就可以理解这一特殊的时代背景。因此，文中相关概念的界定一定程度上体现了研究主题的时代感。

从研究意义看，根据我国经济发展的现实状况看，中国发展的"人口红利"是否已经消失，中国农村人口转移的"刘易斯拐点"是否已经出现等问题实际上都有待于继续深化研究，相关内容对我国当前的新型城镇化建设与乡村振兴战略具有一定的理论价值。

从内容构思与研究方法看，本书共分为十个章节，按照农村劳动力转移的"历程与现状—体系与框架—理论与实证—建议与结论"的行文思路展开，内容结构简单，常见的分析方法均呈现于各部分研究内容中。

作为导言，本章既是开篇破题，也是本书的纲领指引，依托研究背景、意义、内容、思路和方法的提炼和归纳，对全书的整体研究工作起到挈领与指导作用。

第二章

农村劳动力转移相关理论与研究

迄今，国内外理论界对农村劳动力转移进行了大量的研究，构建了相对完备的基础理论体系，相关理论对指导我国农村劳动力转移仍具有较高的现实价值。改革开放之后，很多学者开始将目光投向中国的城乡人口迁移问题，从已有关于中国农村劳动力转移的研究成果看，研究方向主要集中在劳动力转移的历史背景、转移状况、影响因素以及转移影响等方面，部分研究成果中提及了转移模式问题，但对这一问题的深化探究尚未凝结为系统化、体系化的研究成果。

第一节　农村劳动力转移理论

农村劳动力转移问题由来已久，不仅仅存在于中国，发达国家基本都经历了城镇化进程，发生过农村劳动力向城镇的大规模迁移。因此，经济学家很早就对相关问题进行了研究，最早可以追溯到古典经济学时期，沉淀了大量的理论成果，为深入研究中国农村劳动力转移模式问题提供了理论基础。

一、核心理论概要

许多早期的经济学家、社会学家都对劳动力转移问题进行过研究，但现代意义上公认的农村劳动力迁移理论则源于发展经济学。第二次世界大战后，以刘易斯为代表的经济学家提出的发展经济学理论开始得到经济学理论界的普遍认可，形成了相对完善的经济学学科分支体系，其撇开以往人口学、社会学的综合研究分析，将农村劳动力转移问题研究聚焦于经济因素分析。

历经发展经济学家刘易斯（W.A.Lewis，1954）、费景汉和拉尼斯（C.H.Fei & G.Rains，1961）、乔根森（D.W.Jorgenson，1961）、库兹涅茨（S.Kuznets，1966）、托达罗（M.O.Todaro，1969）、哈里斯（J.R.Harris，1970）、钱纳里（H.Chenery，1975）、舒尔茨（Theodore W.Schultz，1976）、斯塔克（O.Stark，1991）等的持续研究，认为二元经济结构和城乡两部门之间的劳动生产率差异导致了农村劳动人口迁移的相关问题，逐步形成了以二元经济理论与"推拉理论"为核心的两大人口迁移理论。

概括讲，发展中国家均存在相对封闭的农业部门，其劳动生产率低下，劳动者收入远远低于城镇部门，农村劳动力便会在收益或预期收益差距的驱动下由农业部门迁移至城镇部门。综合分析前述经济学家的研究成果，本书认为不论迁移原因有何差异，"二元经济理论"与"推拉理论"构成了农村劳动力转移的理论基础，而其他转移理论、学说或模型均为人口转移问题研究的延伸。

二、"推拉理论"

（一）"推拉理论"内涵与外延

"推拉理论"是人口转移的基础理论，其核心内容为流动人口在迁出地推力和迁入地拉力共同作用下开始迁移的作用机制。关于"推拉理论"，不同的学者间存在较大的认识差异，本书通过对相关研究成果进行对比分析，认为"推拉理论"的内涵可表述为：劳动力在原住地就业不足、收入较低、缺乏保障、制度缺失及自然灾害等推力因素和迁入地更多的就业机会、更高的预期收入、更好的保障及社会环境等拉力因素共同作用下，由原住地迁入目的地的劳动人口转移理论。

（二）"推拉理论"发展历程

"推拉理论"的相关思想最早起源于英国地理学家雷文斯坦（Ravenstein，1885）的《人口转移法则》一文，该文详细描述了人口转移的影响因素，认为在相关因素的共同作用下人口开始转移。近一个世纪后，赫伯拉（Herberla，1938）、米歇尔（Mitchell，1946）分别正式提出"推拉理论"。李（E.S.Lee，1966）分析了迁移距离、移民阶层、迁移补偿、城乡迁移倾向差异、技术、经济回报七大因素对人口迁移的影响，在此基础上其进一步将影响因素划分为两方面，即"推"与"拉"的因素。进入 21 世纪，克莱恩（Kline，2003）指出，"推"的因素更多来源于转移人口流出地，而"拉"的因素来源于转移人口流入地（马光威等，2017）。因此，"推拉理论"经历了漫长的演化过程。

（三）"推拉理论"在中国农村劳动力转移研究中的应用

随后，国内学者进一步将"推拉理论"应用在中国农村与城镇劳动力转移问题的研究中。邹新树（2005）认为，农村拉力是由农村收入、农村家庭结构和社会关系、生理和心理以及政策制度等构成的合力，农村推力是由家庭生产生活、家庭结构和社会关系、发展机会和生活环境以及当地政府等构成的合力；城市拉力是由城市预期收入、家庭结构和社会关系以及发展机会和生活环境等构成的合力，城市推力是由政策制度、进城就业成本、相对经济社会地位以及就业门槛等构成的合力。而中国农村劳动力转移取决于四种力的合力。

从"城镇拉力"角度看，程名望等（2006）运用动态宏观经济学的递归分析方法并结合"推拉理论"，对 21 世纪初年中国农村劳动力转移影响因素进行建模分析，认为城镇拉力特别是城镇工业技术进步是中国农村劳动力转移的根本驱动力。刘成斌等（2015）对 2013 年全国流动人口动态监测数据进行计量分析，认为城镇"拉力"占据主导地位，中国新型城镇化战略应更多关注影响城镇"拉力"的因素，减少将农村土地产权改革等农村因素与城镇化进程相"挂钩"或"捆绑"。卢黎霞等（2015）通过建立一个简单的农村人口城镇化"推拉"机制模型，对我国城镇化问题进行研究，认为小城镇非农产业基础薄弱、公共服务设施较差导致的城镇拉力不足，致使西部县域城镇化存在机制缺陷。

从"农村推力"角度看，李强（2003）从户籍制度对农民工流动产生的心理影响进行研究，认为户籍是影响中国劳动力城乡流动最为突出的制度障碍，它一定程度上使得推拉机制失去效力。吴云勇（2007）从中国就业结构与产业结构之间的差距分析入手，对农村劳动力流动的推力和拉力进行研究，认为土地、户籍等阻碍农村劳动力流动的制度改革滞后是当前就业结构差距的直接原因。

"推拉理论"经过上百年的演变，基本得到了人口流动研究领域学者们的共识，也为发展中国家城乡人口转移提供了动力因素分析的理论基础。

三、二元经济理论

（一）二元经济理论内涵与外延

二元经济理论是发展经济学的基础理论之一，理论核心为城乡二元结构模型，强调社会经济结构由商业化制造业领域（工业）和传统糊口型领域（农业）两部门组成。根据二元经济理论的观点，拥有大量农业人口的南亚、东南亚、非洲和拉丁美洲等发展中地区，他们经济结构上的共同点是两大生产部门共存：第一个是发展停滞的农业部门，其在经济中所占比重较大，制度成为该部门存在的关键影响因素；第二个是不断增长的商业化制造业部门，其在经济中所占比重较小，该部门中市场是竞争性的，社会资源由市场进行配置。

根据二元经济理论可知，在经济发展的早期阶段，劳动力从农业部门向工业部门的转移既不会导致农业产出减少，也不会提高工业部门的工资水平。农业生产剩余会随着农村劳动力的转移而转移到非农业部门作为社会发展的资本来源。即农业部门为工业部门的扩张，既贡献了社会劳动力，又贡献了社会剩余产品。

在动态的二元经济模型中，经济发展会出现两个临界点：第一个临界点被称为"短缺点"，发生于农产品的边际价值上升到零以上的时刻，一个劳动者从农业部门向工业部门的转移将不再能产生相应的农业剩余以支持其在工业部门中的消费，结果是只有通过农业生产率的增长或降低工业部门的增长率实现平衡；第二个临界点被称为"商业化点"，指当农产品边际价值超过制度约束确定的农业部门的收入时，农业部门与工业部门工资率相等，工业部门为吸引足够数量的农村劳动力参与生产，必然导致工资率的上升。在"商业化点"附近，如果农业部门生产率获得快速增长，则经济的"二元"特征则趋于消失，农业就会演化为一元经济体系的一个专业分支。

（二）二元经济理论发展历程

"二元经济"概念最初由荷兰经济学家伯克（J H Boek）在研究 19 世纪荷兰属地—东印度地区（今印度尼西亚）社会经济状况时提出，1953 年伯克发表《二元社会的经济学和经济政策》一文，提出当时的印度尼西亚是一个典型的"二元结构"社会，一元为资本主义社会之前的传统农业社会，另一元是荷兰殖民者主导的殖民主义输入的现代"飞地经济"，即资本主义现代经济部门。其后的许多学者对二元结构进行了深入和广泛的研究。

关于发展中国家二元经济结构的经典理论模型则是由美国著名经济学家、诺贝尔经济学奖获得者刘易斯，在 1954 年发表的 "*Economic Development with Unlimited Supplies of Labor*" 一文中提出的，其指出：发展中国家一般存在着性质完全不同的两个经济部门，一种称为 "资本主义" 部门或现代部门，另一种称为自给自足的农业部门或传统部门，这两个部门在资本运用、生产规模、生产方式、生产效率、收入水平等方面也存在明显不同，而且传统部门与现代部门并非是静态的相互割裂的，是动态相互影响的。

此后，费景汉、拉尼斯（Ranis and Fei, 1961）修正了刘易斯模型中的假设，在考虑工业农业两个部门平衡增长的基础上，完善了农业剩余劳动力转移的二元经济发展思想。刘易斯 – 费景汉 – 拉尼斯模型（简称刘 – 费 – 拉模型）成为古典主义框架下分析二元经济问题的经典模型。

出于对刘 – 费 – 拉模型的反思，乔根森（Jorgenson, 1967）提出了 "乔根森模型"，认为如果没有隐蔽性失业，工业在二元经济中居于战略性地位。由于消费者需求从农产品转向工业制成品，人均投资需求在总产出份额中逐渐增加，工业产出和工业部门将最终控制整个经济。同时，乔根森强调了发展农业经济的意义，突出了市场机制在促进二元经济解体中的作用。

随后，托达罗（Todaro, 1969）表达了与乔根森相似的观点，建立了托达罗人口流动模型，拓展了发展中国家不同产业间的劳动力转移理论，指出大力发展农村经济是解决城市严重失业问题的根本途径，认为只有农村经济发展了，农民生活改善了，城乡差距才会逐步缩小，随着 "二元经济" 结构被逐步削弱，一个经济体才能实现城乡经济一体化的发展目标。他的这一模型后来被广泛用于分析发展中国家的二元经济问题。

（三）二元经济理论在中国农村劳动力转移研究中的应用

国内学者进一步将二元经济理论应用在中国农村劳动力转移问题的研究中，增强了理论的现实指导意义。柳士发（1999）提出二元经济结构论，以 "刘 – 费 – 拉" 理论为依据，强调工业化是农村剩余劳动力向城市工业部门不断转移的过程。改革开放以来，尽管中国的产业结构变化出现了新的态势，但城乡关系仍然处于失衡状态，农村发展落后于城市，农村在新时期的经济发展中付出了很大的牺牲。更重要的是，中国农村的确存在着大量的生产率水平极低的剩余劳动力，这一观点和 "刘 – 费 – 拉" 模型极其吻合。改革开放以来，城乡居民收入差距的拉大不仅证实了二元经济结构的存在性，而且说明我国的二元经济结构具有高强度和超稳态的特征（郭剑雄，1999）。二元经济结构的存在性和严重性不仅会导致资源配置效率低下、经济结构转化迟缓、收入分配差距拉大，而且由于农村市场难以启动而使整个经济陷入内需不足的境地（王检贵，2002）。俞德鹏（2002）在《城乡社会：从隔离走向开放——中国户籍制度与户籍法研究》一文中，从现行户籍制度的角度说明户籍制度是城乡差距加重的主要原因之一，认为城乡事实上的不平等是每个国家发展初期难以避免的社会现象，但决不能把历史因素所造成的城乡事实上的不平等与现行户籍制度对城乡不平等程度的加重混为一谈。王兴力等（2002）则从城乡有别的二元财税金融政策方面，说明我国财税金融政策向城市倾斜是客观存在的，其承载着对工业、城市居民的保护和城乡差距拉大的作用。

国内学者在经典二元经济模型构建的框架下，结合中国经济发展的特殊模式和情况，从实证计量与修正应用的角度，提出劳动力转移对整个国家的产业结构转变、工业化与城市化的向前推进和经济持续增长起到了重要中介作用。陈宗胜与黎德福（2004）提出了一个内生农业技术进步的二元经济增长模型，研究认为："东亚奇迹"是传统农业劳动力不断转向现代非农业部门的结果；是现代部门以资本反哺传统部门，推动农业技术进步，促进劳动力转移的结果；是现代部门均衡发展，吸纳剩余劳动力，加速结构转换的结果。因此，劳动力结构转换将推动经济实现了持久的高速增长。王诚（2005）在刘易斯模型的基础上，结合中国的实际情况（60%的比例农村人口的普通劳动力工资水平的上升现象），提出了"准刘易斯拐点"的概念，指出造成供给冲击的深层次原因在于农村劳动力实际工资的长期下降和制度因素导致的劳动力不能自由移动的现状。周天勇（2001）通过对Todaro农村劳动力向城市转移决策和就业概率劳动力流动行为模型的分析，认为托达罗模型不符合二元结构转换的实践，特别是不符合中国这样一个大国的现实情况。赖小琼等（2004）对Todaro模型进行拓展，在其基础上构建了新的农村劳动力转移模型，并提出推动农村剩余劳动力转移的政策建议。

与"推拉理论"一样，二元经济理论已然成为发展中国家人口转移的重要研究基础，也为新型城镇化与乡村振兴背景下研究中国农村劳动力转移问题提供了理论依据。

四、城镇化理论

城镇化（城市化）是发展中国家现代化进程中的一种重要社会变迁，是随着工业化的发展，农业部门的萎缩和工业部门与服务业部门的扩张，这种相对变化体现在人口及资源从农业部门向非农部门的转移，并最终导致农业人口的减少及城市数量与规模的扩大。对广达发展中国家来讲，农村劳动力转移与城镇化如影随形，因此，关于城镇化理论的回顾与介绍对本书后续研究尤为关键。

（一）城乡一体化理论对城镇化发展的要求

某种意义上讲，城镇化是实现城乡一体化的必然过程，城乡一体化是城镇化发展的基本目标。城镇化发展应基于如下几点理论要求：

（1）城镇化发展应以城乡"和而不同"为特征。城镇化不是消灭城乡差别的过程，与所谓的"城乡一样化"有着本质区别。围绕城乡一体化目标的城镇化，是城镇与乡村有机结合，在互相差异中吸收彼此先进和健康的因素，摒弃落后和病态的东西；城镇与乡村相互依存、相互促进，是一个优势互补的统一体。

（2）经济一体化、制度体制一体化、城乡生态环境美化不仅是城乡一体化的条件保障，还为城镇化发展提供了物质基础、制度动力和生态保障。

（3）城镇化发展是一项系统性工程，城镇化发展应在城乡一体化实现模式下，结合地区实际因地制宜，选择具有地区特色的城镇化路径与模式。

（二）新型城镇化理论

新型城镇化是以城乡统筹、城乡一体、产业互动、节约集约、生态宜居、和谐发展为基本特征的城镇化，是大中小城市、小城镇、新型农村社区协调发展、互促共进的城镇化，是我国面向国际国内社会经济新发展和解决我国城镇化面临的实际问题需要，转变过去粗放型、环境不友好、质量不高、宜人性与社会保障性差等局面，走具有环境友好、宜居生态、社会和谐、知识支撑、具有特色的高质量的城镇化发展之路。新型城镇化既强调协调发展，又追求互促共进。

实际上，20世纪90年代起，各国就开始了新型城镇化建设探索，重点体现在可持续发展、人居环境建设方面。1989年，联合国环境发展会议通过了《可持续发展声明》，明晰了可持续发展战略的内容。1996年，第二届联合国人居大会被称为全球城市峰会，建设宜居城市成为促进人类共同发展的理想与纽带。同时，精明增长、新都市主义、新田园城市等规划理论的影响不断扩大，极大推进了新型城镇化的研究（董晓峰，2008）。中国新型城镇化研究始于2009年，党的十七大报告中对"新五化"的确立，提出促进科学发展观的新的城镇化；随着历届政府工作报告不断的演化，2014年3月，《国家新型城镇化规划（2014~2020年）》正式发布，标志着我国新型城镇化由理论正式转向了实践。对于我国14亿人口的体量，新型城镇化打破传统的城镇化发展理论与路径，是契合我国国情的城镇化发展模式。

第二节　相关研究回顾与评析

改革开放40余年，国内外关于农村劳动力转移的研究成果非常多，但聚焦于中国农村劳动力转移模式的研究文献相对较少，出于进一步探索的需要，本书从农村劳动力转移模式研究的角度将相关研究成果概括为转移模式概念及分类、转移模式成因、不同转移模式影响与转移面临的问题及对策四大类：第一类研究成果主要对转移模式的概念进行界定，并阐述了相关模式的内涵；第二类研究成果聚焦于不同转移模式背后的驱动因素分析；第三类对不同转移模式带来的影响进行研究；第四类文献对不同转移模式面临的问题进行分析，并提出了一定的对策。四类研究文献彼此之间又存在一定的交叉，并未因类别不同而完全割裂。图2-1更好地呈现了文献回顾的逻辑结构。

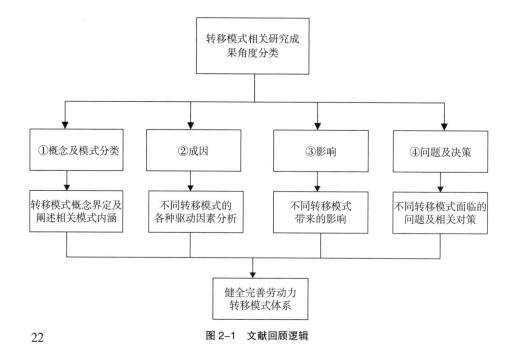

图 2-1　文献回顾逻辑

一、转移模式概念及分类文献回顾

对农村劳动力转移模式进行研究，绕不开转移模式自身内涵的界定及具体分类，此类研究成果早期可追溯到 Ranis 和 Fei（1961）使用的临时性迁移与永久性迁移分类，他们认为，永久性迁移是指农村劳动力的产业工人化，即农业劳动人口彻底脱离农业生产活动；临时性迁移是将非农就业视为一种替代性的就业选择，劳动力最终会回归农业部门，这种转移模式分类也是农村劳动力转移领域最为经典的模式分类。随后许多学者都对转移模式进行了内涵界定，成果大量散存于农村劳动力转移的相关文献中。

（一）以转移期限进行的概念界定

学术界关于转移模式概念的界定尚未有定论，最为直接的界定方式是根据转移人口是否长期生活在城镇进行划分的，具体又可分为位置或角色变换、城镇融入两大类。冯兰瑞等（1987）将中国农村剩余劳动力转移划分为不离土不离乡、离土不离乡、离乡不离土、离土又离乡四种模式，对农村人口城市化的中国式道路进行探索。辜胜阻（1991）将人口迁移按户籍变更状况划分为永久性人口迁移和暂时性人口迁移两类。李斌（1996）认为，中国农村劳动力转移存在理性转移输入式、理性转移交叉式、理性转移就地式、理性转移起伏式及无奈纯输出式五种模式，聚焦于农村剩余劳动力在区域内或区域间的位置转移研究。杨红（1999）认为，有户口伴随的为永久性迁移，没有户口伴随的为流动性迁移。

与早期的研究相比，21世纪后，学者们对转移模式的分类更为清晰直接。Hu（2002）将转移模式界定为"就业流动"与"身份转移"，认为"就业流动"表现为农业就业人口向非农部门转移，但劳动力转移后并不放弃农民身份，与农民身份绑定的土地意味着一种可预期的、稳定的最低福利保障；"身份转移"是指农业就业人口在实现就业部门转移的同时，也放弃了农民身份进而实现了市民化改造，其前提是或者能够被纳入城市福利保障体系从而弥补农民身份放弃导致的福利损失，或者是有较高的收入能够支撑这种福利保障缺失。同一时期，Brauw 等（2002）将转移模式界定为"融入型迁移"及"流动型迁移"，认为农村劳动力向城市就业部门的转移本身意味着"迁移"的发生，这种迁移更显著地表现为地理位置由农村变到城市，而在迁移模式上，"流动型迁移"代表着劳动力存在城乡间的流动，即农村－城市的就业、城市－农村的生活。"融入型迁移"表现为农村劳动力一旦实现了向城镇的迁移，则不再向农村回流与反向迁移，就业与生活均局限在城市。

蔡昉等（2004）使用了"候鸟式"描述农村劳动力进入城市就业但最终回归农村的过程特征，认为这种暂时性迁移是户籍约束与福利保障缺乏下的一种理性选择。杨肖丽（2009）按照农民工是否打算永久居留在城市，将人口迁移模式划分为永久性迁移和暂时性迁移。崔斌等（2009）认为，"流动人口"是指不以常住地发生永久性变化为标志的暂时性人口转移。程名望（2014）使用流动性转移和永久性转移对农村劳动力转移进行研究。

尽管各种方式划分的依据有所不同，但从转移期限的角度看，当前并未有学者将暂时性转移与半永久性转移进行区分，通常只是对暂时性转移与永久性转移进行了区分，区别仅仅在于对转移群体命名的差异。

（二）梯度转移模式概念及内涵

一些学者从梯度转移角度对农村劳动力转移进行了研究，陈武（1992）提出了包含产业梯度转移和区域梯度转移的农村劳动力"双梯度连续转移模式"。两梯度相互促进和转化，互为条件和因果，在发达地区农业交汇衔接，形成一条动态连续和完整的农业劳动力双梯度连续转移的道路。不发达地区农业劳动力向发达地区农业作区域性转移，促进了农业的发展，增加了农业剩余，有效地推动了发达地区农业劳动力向非农产业和城市转移，从而使工业和城市获得了发展基础，工业部门提供的就业机会增多。而工业部门就业机会越多，产业转移规模越大，对不发达地区农业过剩劳动力作区域性转移的拉力越强，从而在新的基础上促进农村劳动力越有更大规模的转移。这一转移过程是连续的，将持续到不发达地区的农业隐藏剩余劳动力转移殆尽，农业劳动生产率获得大幅度提高，农业部门实现商业化和现代化为止。

赵崇淋（2004）在《析"三农问题"切入点——农村剩余劳动力转移》一文中提出"双梯度交叉转移模式"，认为中国农村剩余劳动力转移不可能一步到位，需要逐步、分阶段进行。"双梯度交叉转移模式"可以为非农产业的发展提供充足的劳动力，并转移群体能很好地融入城镇化的建设过程中；城镇非农产业的发展，能加速"双梯度交叉转移模式"实现由浅层次转移向深层次转移的升级，且内外兼顾，最大限度解放生产力，从而实现农村剩余劳动力转移的根本目的。赵崇淋建议将以上两种功能进行互补结合，积极利用转移劳动力价值，建设农业现代化，推进城镇化发展，合理、有效、经济地实现农村剩余劳动力转移。

孔祥智（2006）也提出"双梯度交叉转移模式"，但相关内涵与赵崇淋存在较大差异。他认为，"双梯度交叉转移模式"的含义是：劳动力的差异性梯度和地区性梯度交叉进行转移。具体讲，浅层次转移包含两方面内容：一是农业内部转移，指种植业的剩余劳动力向畜牧业、渔业、林业等方面的转移；二是农村内部转移，指农村剩余劳动力向乡镇企业和农村第二、第三产业的转移。通过农业组织的创新和技术进步，促进农业产业化发展，拓宽农业内部的就业渠道，提高农民的边际收益，促进农业剩余劳动力的内部转化，为最终实现农业剩余劳动力地域、职业彻底转移创造条件。

丁兆庆（2007）认为，推进农村剩余劳动力梯度转移是我国现阶段及今后相当长一个时期内的必然选择。推进双梯度转移的关键在于发展小城镇，即从城市之外寻求突破，首先集中力量做好大中城市的外围工作。其核心观点是通过国家政策倾斜推动小城镇发展，以大城市外围的小城镇发展来促进农村剩余劳动力持续渐进、科学有序地转移。

与上述观点不一致的是，彭慧蓉等（2007）认为，存在劳动力梯度转移模式和跳跃转移模式，中国农村剩余劳动力转移呈现出跳跃转移的特征和趋势。鄢成龙（2012）认为，从转移地域角度说，可以将农村劳动力转移模式分为就地转移和异地转移两种，其观点与前述区域梯度模式一致。

综上所述，梯度转移模式可以概括为产业梯度、区域梯度、交叉梯度及跳跃转移四种，本书分析认为，农村劳动力不论以何种梯度转移形式转移至城镇生活，从某种意义上讲，劳动力梯度转移模式更类似于以时间轴所界定转移模式的具体实现路径。

（三）家庭转移模式概念与内涵

与以上研究不同的是，一些学者从是个人转移还是家庭转移的角度对农村劳动力转移模式进行研究。李强（2004）对中国农民工的家庭迁移分析，将家庭迁移模式分为五种：单身子女外出型、兄弟姐妹外出型、夫妻分居型、夫妻子女分居型和全家外出型。洪小良（2007）对北京外来农民工进行研究，发现该群体的流动已呈现明显的家庭化特点，1984～2006年，家庭式转移发生概率总体上呈逐年上升的趋势。朱明芬（2009）发现，杭州外来农民工家庭人口转移发生率总体呈逐年上升态势，夫妻携子女迁移情形增多，人口转移间距指家庭人口转移间隔越来越短，迁入居住方式更加城市化。分析认为，房屋购置、受教育程度、家庭劳动人数以及原籍收入均为举家迁移的影响因素。陈勇（2000）指出，家庭转移中主要成员个人资本和就业能力强，不仅能带动其他家庭成员的转移，还使家庭转移具有永久性。

以上研究更多地关注了家庭作为转移单元的转移模式，研究视角聚焦于家庭转移的类型及具体方式，学者通常认为家庭转移模式更有利于城镇融合。

（四）其他研究

一些学者从国家间或地区间的转移模式差异对相关问题进行分析研究。季丹虎（2007）对具有代表性的英国工业革命进程中农村劳动力转移进行研究，分析认为，农村劳动力向第二、第三产业转移是必然结果，在工业化的不同阶段，农村劳动力在产业间转移次序不尽相同。李仙娥等（2004）比较了几个有代表性的发达国家、新兴工业化国家或地区农村剩余劳动力转移模式，分析了这些国家或地区出现不同转移模式的影响因素及相关经济绩效。

也有学者关注农村劳动力异地转移的行为模式，钱永坤（2006）对农村劳动力异地转移行为进行划分，具体表现为边在家务农边寻找异地工作和先转移到异地再寻找工作两种方式，分析了中国农村劳动力大量选择在家寻找工作模式的主要原因。张旭等（2020）构建了农村劳动力"三层递进转移"模式，提出了引导激发特色小镇独特优势、深度拓展规模乡镇人口转移空间、提高大中型城市人口承载能力支撑农村劳动力"三层递进转移"模式落地的实施策略。

以上内容对农村劳动力转移模式的概念与分类进行了回顾，虽然分类方式有所不同，但对转移模式的核心研究方向主要集中在以转移期限维度进行划分方面，这为本书研究深化提供了基础。同时，不同模式的研究方法基本都建立在二元经济理论上，农村劳动力从农村转移至城镇在两大社会部门间转移，必然存在背后的驱动因素，于是对不同转移模式驱动因素研究文献的回顾则成为本书深入研究不可回避的内容。

二、不同转移模式驱动因素研究

根据"推拉理论"可知，不同的人口转移模式会受到不同因素的驱动，从已有文献来看，现有研究成果对不同转移模式的驱动因素（即不同转移模式的成因）进行了充分的分析。为支撑全文简化分析，本书从转移期限维度对转移影响因素研究文献进行回顾与评析，以便于紧扣研究重心。

（一）暂时性转移影响因素研究文献回顾与评析

通过对现有研究文献的查阅与分析可知，关于暂时性转移影响因素研究主要从转移驱动和暂时性两个视角进行，而关于转移驱动因素的研究明显更多。从转移驱动视角看，王毅杰（2005）研究发现，初中以下文化程度的农村转移劳动力更倾向于返回农村生活，进而认为受教育程度低是导致农村劳动力选择暂时性转移的主要原因。吴兴陆等（2005）认为，收入高是影响农村劳动力向城镇流动的主要驱动因素，收入差距增大，农村劳动力的转移数量随之增大。当收入差距达到一个阈值时，这些转移者倾向于在城镇打工后返回农村，即发生暂时性转移。张学英（2011A）认为，暂时性转移的成因是中国工业化的快速推进引发了对低端非熟练工人的超常规需求。

从暂时性视角看，李停（2016）指出，农地产权对暂时性转移具有显著影响，即农民虽外出打工增加收入，但不愿意把户籍迁入城镇而放弃农地产权。收入差距这一观点在吴兴陆等（2005）的研究中得以支持。谢冬水（2014）指出，不完全的土地转让权，制约了农村劳动力永久转移时土地价值变现，导致农村劳动力在向城市转移过程中因缺乏资金支持，无法承担在城市生存、创业、安家和发展所需的各种成本，因而难以在城市永久定居，只能以付出简单劳动的方式进行暂时性转移。

（二）半永久性转移影响因素研究文献回顾与评析

在转移模式概念及分类文献回顾中，可看出学术界对半永久性转移的研究相对较少。朱宇（2004B）认为，必须将流动人口的非永久性特征从对人口转移的一般性研究中剥离出来，强化对非永性转移（者）区别于永久转移（者）不同特点的研究。这是国内关于半永久性转移较早的研究，朱宇提出，人口的非永久性转移主要取决于劳动力市场的二元化，企业主为了避免经济波动带来的影响，在经济低迷的时候解雇多余的劳动力，以降低经济波动造成的损失。

朱晓霞（2009）认为，中国的农地家庭承包制度一定程度上提供一种生存保障，假如迁移者无法持续工作，在缺乏养老保险、失业保险等福利的情况下，农地的家庭联产承包责任制可以为其回到农村提供基本的生活保障，这也是使得半永久性转移更具有吸引力或更为普遍的原因。张学英（2011B）认为，中国农村移民的非永久性转移行为致因是多重的，户籍制度只是强化了这种行为选择，并不是唯一致因。仅从取消户籍制度入手解决非永久性转移的现实意义不大指出，稳定的职业是转移群体在城市生存的经济基础，能够找到一份稳定而体面的职业，且能够较长时期地保有这份职业，是实现农民转移到城市并融入城市且最终定居在城市的根本。

王方等（2020）系统化地从半永久性转移角度，对相关影响因素进行了计量分析，研究认为，中国农村劳动力半永久性转移决策受效用最大化驱动和乡土羁绊影响。一方面，出于对终生效用最大化的追求，转移者在城镇获得相对满意工作的机会越大，其由暂时性转移向半永久性转移过渡的动力越强；另一方面，在工作获取难易程度不变的情况下，衍生于土地价值及其收益的乡土羁绊越强，转移者由半永久性转移向永久性转移过渡的意愿越弱。

（三）永久性转移影响因素研究文献回顾

程名望和史清华（2010）利用2003～2006年全国农村观察点数据对农村劳动力转移问题进行分析，指出，农民的个人特征和家庭状况都会影响农村劳动力的永久性转移。姚先国与来君等（2009）认为，永久性转移以劳动力与土地分离为前提，以参军、入学为途径，并受到政府政策的影响，是完全的城市化模式。朱宇（2004A）认为，人口的永久性转移主要受制于现存的户籍制度。

杨肖丽（2009）研究认为，未婚者在意愿和行动上永久转移的概率显著高于已婚者，随着职业类型和社会关系上升，农民工永久转移的概率显著上升，居住方式越好，永久转移概率越高。蔡禾等（2007）认为，越希望小孩留在城市的农民工越愿意迁入城镇户口，对永久性转移影响越显著。有学者（李强，2003；马九杰，2003）认为，受教育程度越高，农民工越倾向把户籍迁入城镇。邹一南（2015）发现，政府对城市倾斜的投资政策，导致农民工发生永久性转移的可能性增大。顾丹与吴伟（2017）认为，全面的社会保障制度对永久性转移有显著的影响，其中养老保障是单项影响最大的因素，这一结论并未进行实证检验。

（四）其他观点

刘显升（2016）认为，农业现代化建设、制度改革对农村劳动力转移都具有促进作用，并且随着时间的推移，农业现代化建设对农村劳动力转移的影响逐渐增强，制度改革对农村劳动力转移的影响先增强后减弱。黄容（2014）研究认为，劳动力流动对消费产生促进作用的同时，消费观念提高对劳动力的转移也产生促进作用。由此推导，通货膨胀导致物价上涨，劳动力更倾向于向城镇流动，反之物价下跌，劳动力则倾向于回流到农村。因此，通货膨胀这种间接影响已经不容忽视。这一观点与丁守海（2006）的观点如出一辙，他认为城市部门较高的工资水平是农村劳动力转移主要驱动因素，并通过实证分析指出，农民工资是影响农村劳动力转移的重要因素，从长期趋势看，农民工资提高一个百分点时，农村劳动力的转移数量会相应地提高一个百分点。张微（2006）认为，地区收入差距是导致农村劳动力转移的主要原因，同时，农村劳动力转移也是收敛地区收入差距的重要因素。杭雷鸣等（2005）通过实证分析指出，当城乡收入差距扩大时，城市反斥力和乡村反拉力都会加大，对农村劳动力发生永久性转移的阻碍作用增强；反之，当收入差距同步缩小时，城市反斥力和乡村反拉力会相应减小，对农村劳动力永久性转移的阻碍作用减弱。该结论得到一些学者的支持。李强（2003）对北京农民工未来打算的调查显示，只有25.5%的被调查者明确表示有定居城市的意愿。

显然，对我国农村劳动力转移的驱动因素有很多，但至于哪些因素驱动了暂时性转移、哪些因素导致了半永久性转移、哪些因素带来了永久性转移，学术界已经开展了大量的研究，有各种角度的理论与实证分析，但尚未就致因与机制达成较为一致的观点。

三、不同转移模式的影响研究

农村劳动力不同转移模式会从不同的角度对社会产生影响。一些学者探究农村劳动力转移模式对经济的影响，普遍认同农村劳动力的转移促进了我国经济的增长，并对缩小城乡间、产业间的收入差距有重大意义。

贾晓华（2007）分析了暂时性转移的正面影响和负面影响。其中，正面影响为：促进农民增加收入、扩大内需和刺激整个国民经济的发展、填补城市一些低端的岗位空缺进而降低用工成本，促进农村劳动力进一步转移。负面影响为：暂时性转移者的土地不能有效流转，影响了土地的规模经营，抑制传统农业向现代农业的转变进而影响农业发展，人口迁移规模和城市化水平相互分离进而影响城市化进程，同时增大城市改造成本、造成城市环境恶化、增加城市交通负荷等。

谭江蓉与杨云彦（2012）发现，人口流动性越强，城乡联系越紧密，农村消费受城镇消费影响越大，农村居民消费倾向便上升。这一观点与聂正彦等（2014）指出的劳动力流动对农村居民消费的促进效应显著观点相同。黄容（2014）研究发现，农村劳动力的流动，对消费产生促进作用。

梁辉（2014）等研究指出，选择永久迁移的农民工经常会主动地与城市中的同事、城市市民、拥有相同兴趣爱好的朋友等交往、沟通，从而在城市中建立较为广泛的人际网络和社会关系网，对人际网络构建方面起到积极作用。

暂时性转移会造成分居家庭现象。洪小良（2007）对"2006年北京市流动人口家庭户调查"的数据进行分析，发现分居家庭的比例为56.6%，其中，夫妻分居的占9.3%，夫妻子女分居的占35.2%，且有7.6%的家庭同时存在夫妻分居和子女分居的现象。另据朱明芬（2009）对2008年杭州从事非农务工的600名农民工的调查发现，杭州农民工第一大转移模式为单人独行，占被调查农民工的48.6%，夫妻携子女同行的比例为21%，夫妻携父母子女同行的仅占1.3%。甘春华（2009）通过分析不同的转移模式发现，"永久性的全家迁移"模式对城乡一体化的贡献呈递增趋势。

刘文可等（2008）从劳动生产率角度进行研究，用静态转移份额分析法对中国1978～2006年39种工业部门的人均劳动生产率进行分解，研究结果显示：1978～1985年，中国由于执行计划经济导致整个工业部门的整体劳动生产率增长为负数，但劳动力转移效应的存在抵销了部分负增长，使全行业劳动生产率实现了约1.37%的增长净值。1986～1996年是农村劳动力逐步向非农转移的阶段，该阶段内工业部门实现了5.74%的劳动生产率增长。1997～2006年是国有企业改革和农村劳动力大规模转移优化配置阶段，工业部门在此阶段实现了17.72%的劳动增长率，劳动力转移效应的贡献的份额也达到了2.73%。

李迅雷等（2014）通过对经济增长和劳动力转移的回归分析，验证了二者之间存在明显的正相关关系，并且农村劳动力转移对经济增长的配置效应存在边际递减，要推动经济增长，仅仅依靠农村劳动力的转移在未来是不可行的，中国经济社会未来发展方向应更多地依靠发展方式的转型和科学技术的进步。杨天宇（2017）指出，农村转移劳动力促使城市不断完善基础设施建设，改革社会保障制度，由此不断良性循环，形成城市经济社会繁荣增长的局面。张广胜等（2018）通过研究城乡收入差距、产业结构变化、劳动生产率等发现，农村劳动力的非农转移保证了经济增长所需劳动力数量，农村劳动力非农就业结构发生变化的同时，促进了产业结构的调整和升级、提升了劳动力利用效率和劳动生产率，改善了资源配置效率，支撑了中国经济长期持续的增长奇迹。

二元经济理论表明，发展落后国家的经济，就要动员剩余劳动力，把伴随剩余劳动力转移所产生的隐蔽性储蓄转化为发展工业部的资金，使整个经济向工业化迈进。Whalley和Zang（2004）建立一个简单模型，说明将限制劳动力转移的因素解除，扩大剩余劳动力转移的规模之后，社会收入差距减少，经济体本身效率得到很大程度的提高。由此可知，在我国存在大量农村剩余劳动力的现实情况下，提高劳动力的流动性，提高劳动力转移的能力，不仅有利于收入分配公平，还能够带来经济增长的效果。

四、现有研究评述

通过国内外研究文献的回顾与分析，不难发现，国内外学术界关于农村劳动力转移模式研究的着重点在于转移过程本身的分析与研究，疏于对转移过程的深化探索，而新型城镇化背景下的农村劳动力转移模式除有一定的历史性制约因素外，还有深刻的制度性、社会性因素，包括户籍制度限制、土地制度限制、社会保障差异、社会就业难题、农民工自身水平等。现有研究文献探索，主要存在如下不足：

（1）就农村劳动力转移而言，更多的研究成果偏重于对驱动因素的研究，疏于对转移制约因素的研究；

（2）从转移期限维度，只对农村劳动力暂时性转移与永久性转移进行区分，忽略了农村劳动力的半永久性转移，与中国农村劳动力转移的现实情况不相符；

（3）过度地强调城市产业发展的吸附作用，将农村劳动力转移视为一种被动的社会活动，对转移主体转移意愿角度的研究相对较少；

（4）最为关键的是，由于数据的持续可获得性不足，导致大量的研究成果都是基于理论推演或停留在理论分析层面。

本书正是基于已有研究不足，对中国农村劳动力转移问题进行深化分析，对相关理论研究领域进行探索。

第三节　小　结

本章从农村劳动力转移基础理论与城镇化基础理论的回顾出发，就农村劳动力转移模式的概念、成因与影响进行综述，归纳和阐述了已有转移模式文献的主要观点。在分析、归纳和评述现有研究成果的基础上，审慎指出了前人研究的不足，并对相关学术问题的研究趋势进行了展望，以期对后文转移模式的创新研究提供借鉴与启发。

　　经济学家、社会学家都对劳动力转移问题进行过研究，马克思主义的代表性论著中也有关于城镇化和城乡一体化的研究，但代表性的农村劳动力迁移理论则源于发展经济学。以刘易斯为代表的经济学家提出的发展经济学理论形成了相对完善的经济学学科分支体系。随着我国改革开放，大量的农村劳动力转移至城镇工作生活，给社会带来了一系列问题，转移群体低成本的劳动力供给为经济发展注入了强大的动力，同时给社会管理带来很多难题。

　　现有文献对相关问题进行了研究，形成了大量的研究成果，但依然存在如下不足：①就农村劳动力转移而言，更多的研究成果偏重于对驱动因素的研究，疏于对转移制约因素的研究；②从转移期限维度，只对农村劳动力暂时性转移与永久性转移进行区分，忽略了农村劳动力的半永久性转移，与中国农村劳动力转移的现实情况不相符；③过度地强调城市产业发展的吸附作用，将农村劳动力转移视为一种被动的社会活动，对转移主体转移意愿角度的研究相对较少；④最为关键的是，由于数据的持续可获得性不足，大量的研究成果都是基于理论推演或停留在理论分析层面。

　　以上分析中指出的不足，也正是本书研究的重点。同时，已有研究成果更多的是其可取之处，本书对现有研究成果进行分析吸纳。本章归纳了本书的理论研究框架，即运用因素分析、收益最大化分析与群体救助分析等理论分析方法和 VAR、多项 Logistic 与线性回归等实证方法研究农村劳动力转移问题。

第三章

新中国农村劳动力转移历程回顾

新中国成立之初，城乡间人口流动与自由迁移是没有限制的，1952年，新中国国民经济恢复三年后，农村劳动力开始出现逐渐迁移现象。后来为推进国家发展战略，政府出台限制政策，对农村人口转移进行了严格的管控，人口城镇化进程异常缓慢。改革开放后，对于人口流动的管制逐步放松，农村劳动力可以向城镇自由流动，快速推动了中国的人口城镇化进程。本书根据我国农村劳动力转移历史情况将其分为三大阶段，即改革前的"严格管控，限制流动"，改革后的"放松管制，相对自由"与当前的"鼓励落户，促进流动"三个阶段。

第一节　严格管控，限制流动

1953～1977年，中国的户籍制度类似于"护照"体系，独特的户籍制度对人口实行严格的二元化管理，导致农村劳动力转移只能通过本地转移或转移而不迁户籍的形式存在。新中国成立之初，政府主导的发展战略是优先发展工业，通过城市与农村劳动力市场的二元结构隔离，以农业哺育工业，推动工业部门快速规模化扩张，而农村劳动力受到城市产业发展、用工政策、户籍政策等条件限制，城镇化进程极其缓慢。虽然农村劳动力随着工业的规模化发展进入了非农业部门就业，但极少有农民工能随着城市第二、第三产业发展进行永久性迁移，融入城镇生活。

一、转移过程阐述

中华人民共和国成立初期，中国效仿苏联模式在经济领域以发展工业尤其是重工业为主。因此，中国社会围绕重工业为主的战略发展目标，建立了计划经济管理体制，将所有资源都配置在重工业领域。随着计划经济的实行，随即产生了一系列相关的计划经济制度，例如户籍制度、人民公社制度等，这些制度严重阻碍了农村劳动力在城乡之间的自由流动，其中，户籍制度的产生标志着中国进入二元结构化社会。在这一时期，中国农村劳动力流动与迁移处于严格的管控之下，在政府政策限制下几乎停滞，相关历程回顾如下：

（一）1953～1963 年大起大落阶段

1952 年，中国国民经济处于战争后的恢复阶段，由于政府的政策限制较少，大量的农村劳动力被吸引到城市就业。统计数据显示[①]，1953 年我国城镇人口约 7 826 万人，至 1957 年增长到 9 949 万人，净增加 2 895 万，城镇人口比重也由 13.3% 上升到 15.3%。"大跃进"时期工业部门对劳动力的需求快速增加，农村劳动力开始大规模流入城市就业。1960 年，中国城镇人口数量达到了约 1.3 亿人，3 年增加了 3 124 万人。城镇就业人数也由 1957 年的 3 205 万人上升到 1960 年的 6 119 万人，成为中国农村劳动人口流动的第一次"高潮"。然而，由于当时城市基础设施条件比较滞后，大量劳动力人口的流入使城市陷入就业困难和粮食供应不足的困境。同时造成了农业劳动力严重短缺，对国家工业发展战略形成了负面影响。随后，国家调整了人口流动政策，限制农村劳动力向城镇盲目流动，因此，至 1963 年，城镇就业人数比 1960 年减少了 1 516 万人，城镇人口减少了 1 427 万人，第一次出现了"逆城市化"现象。总体来看，这一阶段的农村劳动力迁移大起大落，呈现非稳定增长局面。

（二）1964～1977 年萎靡阶段

鉴于 1953～1963 年农村劳动力流动对城市造成的压力，国家在 20 世纪 50 年代后期对农村人口迁移到城市开始进行严格的管理。1958 年，国务院颁布户口登记条例，明确人口由农村迁往城市仅有三种通道：持有城市劳动部门的录用证明或学校的录取证明，或城市户口登记机关的准予迁入证明。此后，进

---

① 文中数据来源于《中国统计年鉴》（1953～1964），本书根据国家统计局相关年度数据整理所得。

一步颁布并实施了与户籍制度相配套的食品供给制度、就业制度、住房制度、教育制度。至20世纪60年代初期，农村劳动力基本不能自由流动。（徐文，2009）。随着城市知识青年上山下乡、城市干部被派送到农村从事农业劳动，大量城市人口被迁移到农村（李曼曼，2013）。伴随着国家统销统购制度，农村商品市场逐步萎缩，在这十几年时间城镇人口数量仅增加3 719万人，平均每年增加大约286万人，农村人口比例维持在81%～83%[①]，农村劳动力人口流动几乎处于停滞状态。

总体来看，1953～1977年，中国农业劳动力数量从17 747万人上升至19 308万人，农业就业人口占比从83.4%下降到81.1%。[②]

二、农村劳动力转移分析

1953～1977年，中国围绕优先发展重工业的战略，社会资源配置完全按照发展计划进行，劳动资源也不例外。因此，农村劳动力基本被固化在土地上，农村劳动力转移基本停滞。总体来说，该阶段农村劳动力转移具有以下特点。

（一）农村劳动力转移进展缓慢

1953～1977年，中国农村劳动力向城镇转移非常缓慢。为控制城镇劳动人口失业率及减少农村劳动人口外流对城镇就业的压力，政府出台了一系列限制人口流动的政策。通过严格的户籍管理，农村人口基本不能向城镇转移。

（二）基层组织化与乡村劳动力转移限制

新中国成立之后，沿用一贯的组织建设方式，中国政府采取"集体制"形式对基层农村进行管理，完成了农村的再组织化过程。这种管理模式很好地实现了中国农业社会的秩序条件，一定程度上为国家彼时的重工业化战略实现提供了稳定基础（折晓叶，2014）。与"集体制"农村基层管理组织伴随的是农村劳动力被固化在土地上，转移受到严格的限制，失去了参与工业化或城镇化建设的机会。当然，该阶段农村劳动力通过升学、入伍和婚嫁等途径仍然有机会进入城镇生活，但机会非常渺茫，相应的转移人数也非常小。

[①]　文中数据来源于《中国统计年鉴》（1965～1978），本书根据国家统计局相关年度数据整理所得。

[②]　根据韩俊发表于《改革》2009年12月19日的《中国城乡关系演变60年的回顾与展望》一文，1952～1978年，农村劳动力占社会总劳动力的比重由83.5%下降至73.8%。

（三）城镇化与逆城镇化并存

在这一历史阶段，中国社会人口迁移城镇化与逆城镇化并存。被固化在土地上的农民有机会还是会选择到城镇谋生，导致社会一度出现的"盲流"问题。为减轻城镇人口压力，政府通过劝阻、遣返等手段，将进城农民遣返回乡；同时，号召城镇年轻劳动力参加到轰轰烈烈的"上山下乡"运动，构成了该阶段中国独有的逆城镇化现象。

三、农村劳动力转移相关政策回顾

1953～1977 年，与农村劳动力转移同步的是各类人口流动管理政策的出台。1949 年，新中国成立之初城乡间的人口流动和自由迁移是没有受到限制的，大量农村劳动力转移到城镇支持新中国建设，导致农村人口流失较为严重，一方面导致农村劳动力短缺农业大幅减产，另一方面给城镇带来严重的生活资料供给压力。1953 年 4 月，政府颁布《劝止农民盲目流入城市的指示》，反对和限制农民漫无目的地迁入城市。随后，中央政府先后发布了十个关于防止农村人口外流的配套政策，严格限制农村劳动力自发流向城市。1956 年 12 月，中共中央、国务院联合发布《国务院关于防止农村人口盲目外流的指示》，遏制农民外流，但由于全国性的饥荒问题，与城市粮食配给制度相比，这一政策并未呈现出效果。

1958 年 1 月 9 日，全国人民代表大会通过了《中华人民共和国户口登记条例》（以下简称《条例》），条例规定农村户籍变更为城市户籍仅有的三种通道，明确了全国实施户籍管理制度，以法律法规形式对城乡劳动力配置进行固化。《条例》规定，在人口出生登记后如果要变更户籍登记所在地，必须是政府认为有合理的理由，或按照计划的统一安排，经公安部门批准，才可以对户籍登记所在地进行变更。该制度发布之后，除了严格执行该户籍制度外，还坚持严格执行人民公社制度，严重制约了农村劳动力的转移。相关统计数据表明，1964～1977 年，农业就业人口比重年均减少 0.55%，但总体占比始终保持在 80% 以上，《条例》的实施，不仅扩大了城乡之间的发展水平、收入等差距，还使得我国城镇化水平非常落后。

1958 年 8 月，中共中央发布了《中共中央关于在农村建立人民公社问题的决议》（以下简称《决议》），指导农村居民开展了农业合作化运动，加快社会主义农村建设进程。然而，《决议》进一步强化了农村劳动力与农村的固着关系，农业部门与非农业部门的劳动力市场在制度上被分割开来，城乡分割的二元劳动力市场逐渐形成，农村劳动力向城镇转移的大门被关闭。

第二节　放松管制，相对自由

1978～2002 年，我国农村劳动力转移环境逐步宽松，伴随着经济发展的人口转移成为这一时代的主流。1978 年后，我国开始进行经济体制改革，尤其是农村的土地承包制度改革极大地提升了农业劳动生产率，大量农村劳动力得以解放，同时，城镇就业市场开始向农村居民开放，使得农村劳动力转移具备了政策基础与输出基础，进而引起了我国大规模的农村劳动人口流动。

一、经济体制改革及市场调整

（一）农村劳动力转移与经济体制的改革

1978 年以后，中国农村家庭联产承包责任制开始施行，农民在生产经营、资源配置等方面开始拥有自主权，而且生产成果能直接反映到居民家庭收入中，极大激发了农民生产经营的积极性，农业劳动生产率得以大幅提高。此外，伴随着农村生产品和生产要素市场的逐步开放，农村劳动力市场开始发展起来。一方面，因农业劳动生产率提高带来农村劳动力过剩现象，鉴于劳动力就业市场分割局面开始松动，过剩的农民开始在非农经济部门寻找就业机会；另一方面，由于农业劳动生产率提高使得农产品产量得以迅速增加，1984 年以后，中国粮食短缺的局面得到全面缓解，粮食短缺不再是经济发展的主要制约因素，限制农村劳动力转移到城市的政策失去现实基础和经济需求。为推动城市经济增长，政府逐步放松农村劳动力向非农经济部门转移的各种限制政策，各地开始尝试建立"乡镇企业"，以吸纳农村劳动力转移，成为当时吸纳农村剩余劳动力的主要经济部门。

20 世纪 80 年代中期以后，伴随着城市经济体制和就业用工制度的改革，国有部门开始改革，私营部门逐步兴起，农村乡镇企业、"三资"企业和城市其他非国有经济的迅速发展，带来了城市劳动力市场的发育与发展。城乡分割的就业体制开始打破，企业用工自主性增强，劳动就业开始向市场化转变，多元、多级特征的劳动力市场结构逐步形成，极大刺激了劳动力流动。国有经济部门不再是劳动力就业的唯一部门，城市私营经济部门开始接纳来自农村劳动力的转移进入。同时，政府对农村劳动力向城市流动逐步转变为允许流动，越来越多的农村劳动力开始外出，向市内、省内城市乃至东部沿海城市寻找非农就业机会。

改革开放之初，我国私营经济部门就业人数接近于零。随着经济体制改革的推进，2002 年我国城镇私营企业和个体企业就业人数分别达到 1 268 万人和 2 136 万人，分别占当年城镇就业劳动力总数的 6.0% 和 10.0%。此消彼长，1978～2002 年，我国国有企业和城市集体企业就业人数呈现持续下降趋势，而且 2002 年国有企业和城市集体企业就业人数出现较大幅度下降。相比于 1997 年，2002 年我国国有企业就业人数减少了 2 492 万人，城市集体企业就业人数减少了 1 384 万人。更为明显的是，国有企业就业人数占城市就业人数比重由 1978 年的 78.3% 下降到 2002 年的 38.1%，城市集体企业比重从 21.5% 下降到 7.0%（刘秀梅，2004）。

（二）就业与城乡结构的调整

改革开放之前，由于推行优先发展工业的国家战略，以及劳动力市场的隔离和固化，致使我国经济增长过程中产业结构徘徊不前、就业结构长期滞后，城市化发展迟缓。改革开放之后，随着社会主义市场经济体制的建立，割裂的劳动力市场开始打破，农村劳动力的非农转移成为推动各种经济结构调整的主要力量。

1. 就业结构调整

1978 年后，农村劳动力向非农经济部门自由转移，社会劳动就业人口在三次产业间分布呈现出显著变化，第一产业劳动就业比重逐年下降，第二、三产业劳动就业比重逐年上升。图 3-1 描述了 1978～2000 年社会就业人员的产业分布演变，可以看到，第一产业就业人员比重从 70.5% 下降至 50%，下降约 20%。1953～1977 年，该比重仅下降了约 7%。以第一产业从业人员与第二、三产业就业人员对比看，1978 年二者的比例大约为 2.4∶1；2000 年二者的比例为 1∶1。如此显著的就业结构调整主要取决于经济体制改革带来的自由劳动力市场建立，使得农村劳动力具有向非农产业大规模转移的可能。

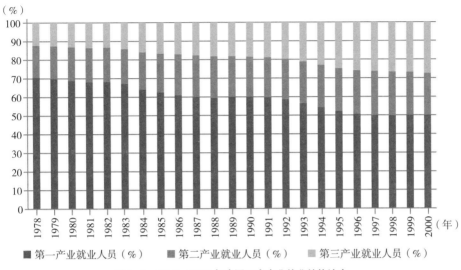

（％）

图 3-1 1978~2000 年我国三次产业就业结构演变

第一产业就业人员（％）　　　第二产业就业人员（％）　　　第三产业就业人员（％）

资料来源：《中国统计年鉴》（1978~2001），本书根据国家统计局相关年度数据整理所得。

2. 城乡结构调整

通常，一个国家或地区的工业化水平与其城镇化水平相当，城镇人口占全国人口的比重亦称城镇化率，是衡量一个国家城镇化水平的重要指标。1949~1978 年，我国城镇人口占全国总人口比重从 12% 提高到 17.92%，而以非农产业产值比重衡量的工业化水平由 49.5% 提高到 71.9%，受人口转移管制制度制约，我国城镇化水平明显滞后于工业化。改革开放以后，截至 2002 年，我国城镇化率达到了 39.09%，城镇化率比 1978 年提高了约 21%[①]，我国农村劳动力的转移成为城镇化水平提升的主要驱动力。中国以非农产业产值比重衡量的工业化水平达到了 84.6%，而城市化水平还不到 40%。换言之，农业部门在创造产值与容纳人口间存在极其严重的不协调问题。

从前述分析看，1978~2014 年，农业与非农产业间就业结构调整加速了我国工业化水平的提升，但人口城镇化率明显滞后于工业化水平，这种不协调性可归因于传统户籍制度改革滞后。改革开放后，尽管政府逐步取消或放松了对农村劳动力转移的政策性限制，但传统户籍制度以及附着于户籍制度的各种社会福利制度，在维持城乡分割的二元劳动力市场方面仍发挥着作用，农村劳动者要取得城镇永久居民身份或融入城镇长期生活仍然十分困难。

---

① 数据来源于：《中国统计年鉴》（1949~2003），城镇化率 = 城镇人口 / 全国总人口 ×100%。

二、城乡统筹引导农村劳动力公平流动

进入 21 世纪（2000~2012 年），中国政府快速放宽了农村劳动力向城镇转移的条件，农民进城务工的门槛越来越低。劳动力就业市场逐渐统一，扩展了农村剩余劳动力的就业渠道，强化了对进城务工人员合法权益的保障。2000 年 6 月，我国发布《关于促进小城镇健康发展的若干意见》，明确了农村流动人口与城镇人口的身份平等化。2001 年 3 月，我国发布《关于推进小城镇户籍管理制度改革的意见》，该《意见》取消对农民工流入城镇就业遇到的各种不合理限制。2003 年 4 月，国务院颁布了《工伤保险条例》，第一次把农民归入社保范围。2000~2005 年，我国农村户籍转入非农户籍人数由 15 165 万人上升到 20 412 万人，第一产业就业人数比重由 50% 下降到 44.8%。2010 年，中共中央、国务院颁布了《中共中央、国务院关于加大统筹城乡发展力度，进一步夯实农业农村发展基础的若干意见》，指出要"着力采取有针对性的措施，解决新生代农民工问题"，推进条件符合的农村户籍人口转移到城镇进行落户，并享有与城镇户籍住户同等权利，开展了多种渠道以不同的形式改善农民工的居住条件。中国共产党第十八次全国代表大会以来，各级政府加速推进户籍制度改革，逐步推动农业劳动力城镇化转移，致力完成全面覆盖城镇常住人口的基本公共服务，大力撤消阻碍农村劳动力永久性转移的户籍壁垒，推动永久性转移人口和城镇居民享受平等的社会、经济、文化生活。此时，农村劳动力转移踏进了一个新的历史阶段。如图 3-2 所示，2000~2014 年，第一产业就业人口比重从 50% 降低到 29.5%。

然而近年来，随着全球科学技术、生产技术不断发展，大量新设备、新技术诞生并应用于生产，导致制造业对普通工人需求量锐减。同时，企业现代化发展对于人才的需求不断提高，普遍需要素质较高的综合型人才，要么要求拥有专业技术，要么要求专业知识，而大部分的农村剩余劳动力往往不具备较高的文化素质或现代技术 / 技能，最终导致就业空间缩小。中国农村劳动力向城镇转移的速度开始减缓，进而形成了企业"用工荒"和巨量农村剩余劳动力并存的局面，为新型城镇化建设酝酿了政策出台的土壤。

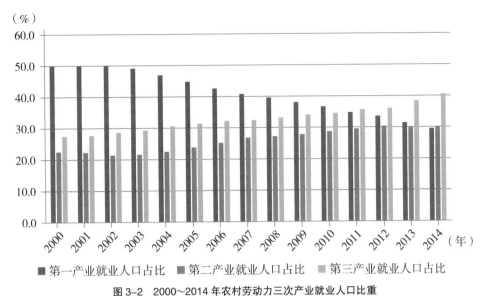

图 3-2　2000～2014 年农村劳动力三次产业就业人口比重

资料来源:《中国统计年鉴》(2000～2015),本书根据分析需要进行整理所得。

第三节　鼓励落户,促进流动

一、国家政策主导

2012 年,中国共产党第十八次全国代表大会提出"新型城镇化"概念;2013 年 7 月 9 日,李克强在广西主持召开部分省区经济形势座谈会上提出,推进"以人为核心的新型城镇化"。2014 年 3 月,《国家新型城镇化规划(2014～2020 年)》正式发布。2014 年 12 月,国家发改委等 11 个部委联合下发了《关于印发国家新型城镇化综合试点方案的通知》,将江苏、安徽两省和宁波等 62 个城市 (镇) 列为国家新型城镇化综合试点地区。2014 年 10 月,国务院办公厅印发《关于进一步做好农民工服务工作的意见》。2015 年政府工作报告明确提出"加强资金和政策支持,扩大新型城镇化综合试点"。2018 年 1 月,中共中央、国务院发布一号文件《关于实施乡村振兴战略的意见》,文件提出:实施乡村振兴战略,是党的十九大作出的重大决策部署,是决胜全面建成小康社会、全面建设社会主义现代化国家的重大历史任务。国家发展改革委发布的《关于实施 2018 年推进新型城镇化建设重点任务的通知》,提出"加快农业转移人口市民化、提高城市群建设质量、提高城市发展质量、加快推动城乡融合发展、深化城镇化制度改革"五大重点任务，指出要全面放宽城市落户条件，强化常住人口基本公共服务，不断提升新市民融入城市能力。在各种政策促进下，截至 2020 年 10 月，"十三五"期间，我国户籍制度改革进展顺利、成效显著。据公安部数据显示：1 亿人落户任务提前完成，1 亿多农业转移人口自愿有序实现了市民化，户籍人口城镇化率由 2013 年的 35.93% 提高到 2019 年的 44.38%。根据国家统计局数据，我国常住人口城镇化率已达 60%。各地取消了农业户口与非农业户口之分，统一登记为居民户口，延续半个多世纪的"农转非"彻底退出历史舞台。截至 2019 年底，全国已发放居住证超过 1 亿张，以居住证为载体的城镇基本公共服务提供机制基本建立。教育方面，"两免一补"资金和生均公用经费基准定额资金随学生流动可携带，惠及 1 400 余万农民工随迁子女。就业方面，2014 年以来，累计开展农民工职业技能培训超过 1 亿人次。此外，在社会保障方面，全国范围内建立起统一的城乡居民基本养老保险制度。截至 2019 年底，农民工参加职工基本养老保险 6 301 万人、工伤保险 8 616 万人、失业保险 4 958 万人。在住房方面，各地加大对环卫、公交等农业转移人口较多的基本公共服务行业外来务工人员的保障力度，满足其基本居住需求，取得明显成效。

二、地方政策深化

鉴于农村劳动力转移对经济增长的促进作用，"十三五"期间，我国各地户口迁移政策全面放开放宽。截至 2020 年 6 月，全国 31 个省 / 自治区 / 直辖市及新疆生产建设兵团全部出台户籍制度改革实施意见，普遍放开放宽了农业转移人口和其他常住人口落户城镇的政策措施。很多地区改革了以往落户限制政策，由过去拒绝农村居民落户开始转为欢迎拥有一定学历或职业资格的转移群体落户安家。这一政策倾向性转变标志着我国由过去限制农村劳动力进城向鼓励劳动力进程的一个重大转变。主要城市的相关鼓励政策如表 3-1 所示。

表 3-1　　　　　　　　　全国各地人口落户计划及政策

序号	城市	落户内容
1	深圳	2018 年，深圳推行普通高校毕业生落户新政，在落户方面取消纸质审批文件和现场报到环节，实现系统自动核查在线办理；2019 年，深圳实施在职人才引进和落户深圳"秒批"，主要包括高层次人才、学历类人才、技能类人才、留学回国人员和博士后等

序号	城市	落户内容
2	厦门	有户口迁移证或厦门本市院校集体户口的毕业生，即可申请落户
3	济南	降低学历要求，中专及以上高校及技工学校的应届毕业生在济南就业，即可落户，高学历有 3 年租房补贴
4	武汉	硕士生、博士在武汉创业、就业不受年龄限制可直接落户，并可享受低于市场价 20% 买到安居房，以低于市场价 20% 租到租赁房
5	长沙	本科及以上学历者凭毕业证直接落户，可先落户后就业，35 岁以下博士生、硕士生首次购房可分别领 6 万元、3 万元购房补贴
6	成都	本科及以上学历者凭毕业证可直接落户，5 年内给予最高总计 12 万元的生活补贴，外地本科及以上学历的应届毕业生，提供青年人才驿站免费入住
7	杭州	硕士及以上学历应届毕业生可先落户后就业，并发放一次性生活补贴，硕士每人 2 万元，博士每人 3 万元
8	福州	高校及职业院校应届毕业生与福州用人单位依法签订劳动合同的即可落户
9	天津	本科及以上学历应届毕业生，被天津的用人单位招用即可申请落户，按照引进人才的层次，给予最高 20 万元经费资助
10	郑州	高校、职业院校应届毕业生在郑州工作和居住的即可落户，三年内按每人每月 1 500 元、1 000 元、500 元的标准发放生活补贴，首次购房分别给予 10 万元、5 万元、2 万元购房补贴
11	南京	高校应届毕业生（含职业院校）在南京创业、就业可直接落户
12	西安	本科及以上学历、本科以下学历且年龄在 45 周岁以下、全国高校在校生可直接落户

通过以上鼓励政策不难察觉，由于农村劳动力转移对社会经济增长的贡献，各地对户籍管理政策不断地放松，但是依然可以看出放松后的户籍准入条件一般对转移者的高等教育文化水平进行了要求，对普通的农村劳动力永久性转移仍然存在一定的约束。

第四节　小　结

中华人民共和国成立后不久，严格的城乡人口转移限制政策，对彼时几代中国人的生活和命运产生了巨大的影响，因此，从某种意义上说，改革开放不仅是中国对海外的开放，更重要的是城镇对农民的开放，农村居民逐步获得了到城镇生活的权利和机会。

2010年后，各地逐渐认识到人口是一个地区经济增长的基础，对以往仅仅关注人才集聚的观念进行了反思，为了在区域竞争中获取主动权，各城镇争抢人口已经成为一种趋势，这也将加速推进我国的农村人口转移。

总体来看，新中国成立70余年，中国农村劳动人口大规模向城镇转移，农村劳动人口占总人口比重逐渐下降，至当前呈现出"人口迁移速度不断减弱，农村人口比重依然过高"的局面，其迁移过程本身值得研究与总结。而且作为中国经济体制改革在二元人口结构调节层面的一种实现路径，中国农村劳动力转移取得了巨大的实践成就，对其历史、现状与趋势进行回顾与总结，对研究农村劳动力转移问题至关重要，同时为深入探究农村劳动力转移模式的演进问题提供了现实基础。

第四章

中国农村劳动力转移现状分析

2012 年，中国共产党第十八次全国代表大会提出"新型城镇化"概念。2014 年 3 月 16 日，新华社发布了中共中央、国务院印发的《国家新型城镇化规划（2014～2020 年）》，标志着中国城镇化进程正式进入新型城镇化建设阶段。该规划确定以人为本是新型城镇化的核心，并对农业转移人口的市民化、享受城市基本公共服务、随迁子女享受平等教育权利等内容提出了一系列举措。为更好地分析中国农村劳动力转移现状，本章利用国家社会科学基金项目"邓小平对改革开放的历史性贡献研究"课题组相关问卷调查数据，并结合国家统计局发布的《农民工监测调查报告》，从劳动力转移现状特征、就业状况、驱动因素以及社会影响四个角度进行阐述与分析。

第一节　转移基本特征分析

一、数量特征

近年来，我国城镇化进程不断加速，农村劳动力转移总量不断上升，但转移数量增速呈现出下降趋势。如图 4-1 所示，近几年中国农民工总量持续增加，2019 年达到 29 077 万人，但 2012～2019 年增速有所放缓，一度跌至 0.64 个百分点。2014 年后增速相对稳定，受政策因素驱动，2017 年增速回升至 1.71%，但总体呈现出下降趋势。即便如此，从绝对数量来看，我国农村劳动力仍然处于转移的攻坚期，以城乡就业结构稳定为标识的"刘易斯拐点"尚未出现。

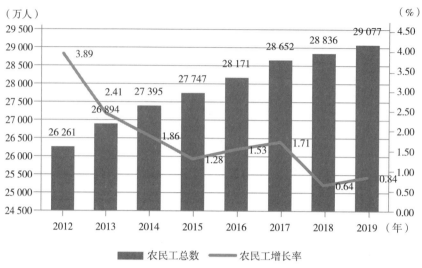

图 4-1 2012～2019 年农民工总量及增速

资料来源:《农民工监测调查报告(2012～2019 年)》,本书根据国家统计局公布相关年度数据整理所得。

二、性别、年龄与婚姻状况

从性别角度看,中国农民工以男性为主,女性所占比重存在逐渐上升的趋势。根据《2019 年农民工监测调查报告》可知,2019 年农民工之中男性比重为64.9%,依然是农村劳动力转移的主力。与 2002 年相比,女性劳动力输出有明显上升趋势,主要归因于我国产业结构的不断调整,第三产业快速发展,为女性提供了大量的工作岗位。

从年龄角度看,中国农民工以青年和中年为主,但所占比重逐年下降,平均年龄存在不断提高的趋势。2019 年,中国农民工平均年龄是 40.8 岁,同比提高了 0.6 岁;40 岁以下的农民工同比下降 1.5%,50 岁以上者占比 24.6%,同比上升 2.2%。年轻人尤其是 80 后农民工已成为我国农民工主体。各年龄段农民工比重变化趋势如图 4-2 所展示。

从婚姻状况角度看,中国农民工之中已婚者比重逐渐增大。2019 年,大多数农民工都已结婚并有家庭,已婚比例达 83.3%。其中,外出农民工有配偶的占 68.8%,同比提高 0.7%;本地农民工有配偶的占 91.3%,同比提高 0.5%。以上数据说明,农民工倾向于在结婚后进入城镇务工,由于婚后照顾家庭责任加大,受制于自身综合素质较低,不具备向外转移优势,选择本地就业人数增多。

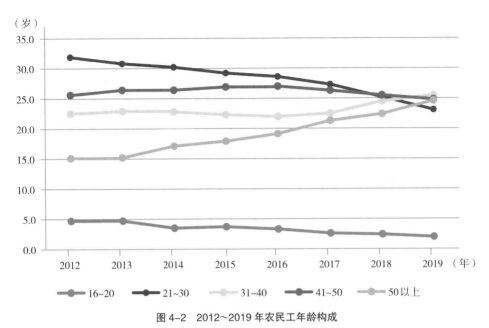

图 4-2　2012～2019 年农民工年龄构成

资料来源:《农民工监测调查报告（2012～2019 年）》,本书根据国家统计局公布相关年度数据整理所得。

三、受教育水平

改革开放后,我国教育投入力度不断加大,但农村教育投入依然是薄弱环节,至今农村劳动力转移群体受教育程度仍亟待提升。根据《2019 年农民工监测调查报告》可知,2019 年,我国大多数农民工文化水平依然是初中,初中文化程度者占样本总数的半数以上;大专及以上学历的占比较低。改革开放之初,大多数农民工只有小学文化水平,他们主要选择到城镇临时务工,从事相对基础的建筑 / 加工行业。随着我国九年制义务教育的普及,农村转移劳动力的受教育程度大幅提升,尤其是高中及以上文化程度的农民工比例逐年上涨,但绝对量情况并不容乐观。如表 4-1 所示,2019 年,我国进城农民工初中及以下学历层次占比依然高达 72.3%。同时,外出务工者比本地就业者受教育程度要高,说明受教育程度越高的适龄劳动者,向外转移意愿相对越强。

表 4-1　　　　　　　　　　农民工文化程度构成（2015～2019 年）

单位：%

文化程度	外出农民工			本地农民工			农民工	
	2015	2016	2017	2015	2016	2017	2018	2019
未上过学	0.8	0.7	0.7	1.4	1.3	1.3	1.2	1
小学	10.9	10	9.7	17.1	16.2	16	15.5	15.3
初中	60.5	60.2	58.8	58.9	58.6	58.5	55.8	56
高中	17.2	17.2	17.3	16.6	16.8	16.8	16.6	16.6
大专及以上	10.7	11.9	13.5	6	7.1	7.4	10.9	11.1

资料来源：《农民工监测调查报告（2012～2019 年）》，本书根据国家统计局相关数据整理所得。

四、对乡村认同感

当前，农村劳动力转移群体对农村认同感逐渐丧失。老一代的农村转移劳动者拥有强烈的乡土情结，他们在城市务工挣取收入，然后回乡消费，或将城市收入用来在农村建房，抑或用来支付下一代的教育成本。而新一代的转移群体尤其是"80 后"及之后的农村劳动力，他们尽管出生在农村，在农村成长并接受教育，但他们对于农村没有深厚的情感，对城市生活充满了期望和向往，希望可以通过劳动在城市购房并长期生活，转变为城镇居民，或享受与城镇居民同等的待遇。更有部分新生代农民工，他们的父辈即长期在城镇务工、生活，他们从小跟随生活在城镇，对农村的了解较少。根据问卷调查结果显示，有52.01% 的被调查者对农村耕地或宅基地保持着关心，但愿意返回农村生活的被调查者却不足 40%，城镇的优越生活条件成为吸引农村劳动力的关键。一定程度上说明，新一代的转移农村劳动力逐渐适应了城镇生活，他们不愿意也不会再返回农村生活。

综上所述，从当前农村劳动力基本特征现状看，在性别方面，转移群体之中女性转移数量有所上升，但仍然以男性为主，尚未呈现出大规模的举家搬迁局面；在年龄方面，转移群体主要为青年和中年，2019 年，农民工平均年龄为40.8 岁，年老与年幼群体在农村留守；在教育水平方面，转移群体的受教育程度不断提升，受教育程度低的待转移群体仍然存在；在农村认同感方面，新生代农民工对农村的认同感不断下降。以上基本特征从侧面反映了我国农村劳动力转移群体存在细分的可能，不同的特征因素与转移数量之间均存在某种因果关系，在后文研究中详述。

第二节　就业状况分析

一、就业结构状况

近年来，随着社会经济结构转型，我国农村转移劳动力就业结构发生了明显的变化，更多农村转移劳动力从传统制造业向商业服务业转移。如表 4-2 显示，除少量的转移劳动力进入经济发达地区从事农业生产外，绝大部分农民工从事第二、第三产业。其中，第三产业的农民工数量上涨最快，归因于第三产业的快速发展带来大量的就业机会，且对于劳动力的吸附能力较大。2019 年，农民工制造业从业人员占比达 27.4%，同比下降 0.5%，而且近年来呈现逐年下降的趋势。

表 4-2　　　　　　　　　2012～2019 年农民工从业状况行业分布表

单位：%

行业	2012 年	2013 年	2014 年	2015 年	2016 年	2017 年	2018 年	2019 年
制造业	35.7	31.4	31.3	31.1	30.5	29.9	27.9	27.4
建筑业	18.4	22.2	22.3	21.1	19.7	18.9	18.6	18.7
批发和零售业	9.8	11.3	11.4	11.9	12.3	12.3	12.1	12.0
交通运输、仓储和邮政业	6.6	6.3	6.5	6.4	6.4	6.6	6.6	6.9
住宿和餐饮业	5.2	5.9	6	5.8	5.9	6.2	6.7	6.9
居民服务、修理和其他服务业	12.2	10.6	10.2	10.6	11.1	11.3	12.2	12.3

资料来源：《农民工监测调查报告（2012～2019 年）》，本书根据国家统计局相关数据整理所得。

相对于传统制造业来讲，第三产业对劳动者的教育文化程度要求相对较高，而且对劳动者就业稳定性要求也有所提高，过去那种到工厂务工，农忙返回农村务农的转移模式不再适应产业结构转型与就业结构转型的需要，农村劳动力至城镇务工的时间越来越久。

二、城镇职工社会保险参保情况

近年来，随着我国社会保障体系不断完善，农村劳动力转移群体的参保状况不断地改善。2019 年，我国城镇社会养老保险参保人数达到 43 482 万人，同比增长 3.7%。如图 4-3 所示，2018 年，在职人员城镇社会养老保险参保人数为 30 104 万人，占城镇就业人员比重为 69.33%，且 2014 年至今呈现出逐年上升趋势。此外，根据本书问卷调查结果可知，仅有 6.4% 的被调查农村户籍劳动力未购买城镇社会养老保险。以上数据充分说明，随着经济社会的不断发展，选择参与城镇养老保险人数越来越多，农村劳动力转移人口开始长期在城镇生活，逐步认识到城镇社会保障的重要性，其转移至城镇工作的稳定性开始增强。

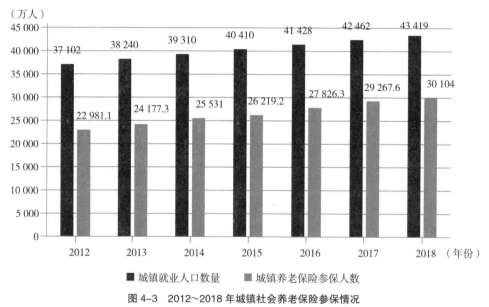

图 4-3　2012～2018 年城镇社会养老保险参保情况

资料来源：《中国统计年鉴》（2013～2019），本书根据分析需要进行整理所得。

随着城镇社会保障体系的不断完善，农村劳动力进城务工享受与城镇原著居民同样的保障待遇，使得转移者生存状态恶化时必须返回农村的退路问题逐渐化解，农村土地对转移者的重要性由过去的收入来源逐渐转化为不能标价的资产。这一变化，推动了农村劳动力的长期转移，但无法使其甘愿放弃农村户籍以及其附带的土地资产价值。

第三节　转移驱动因素分析

从相关数据看，2019 年，我国农村劳动力依然主要受城乡收入差距、城镇优越的生活条件、文化水平提升等因素驱动，不断转移至城镇务工生活。与以往不同的是，新型城镇化背景下农村劳动力转移的驱动因素开始呈现多样化，其转移更多的是多种因素合力所致。

一、城乡收入差距

通常来讲，收入差距是人口转移的主要推拉因素。根据《农民工监测调查报告》可知，2019 年，我国农民工人月均收入 3 962 元，比 2018 年增加 241 元，增长了 6.5%，增速有所提升，但 2019 年我国城乡收入差距继续拉大（2018 年城乡收入差距为 24 634 元）[①]。2012 年至今，我国城乡收入差距不断扩大，这为农村劳动力持续转移提供了动力基础。

此外，行业收入差距对居民就业结构也存在影响，间接对农村劳动力转移形成影响。2019 年，从事制造业的农民工收入逐年上涨，且增速平稳，从事居民服务、修理以及其他服务业的增速基本与上年持平，而其他行业如建筑业，批发和零售业，交通运输仓储和邮政业的农民工月均收入都有不同程度的回落。即便如此，从收入绝对量方面看，制造业从业人员收入明显低于其他行业，这也是导致制造业用工不足的主要原因，以至于行业收入差距对农村劳动力转移形成冲击，造成"刘易斯拐点"提前出现的假象。

二、城镇优越的生活条件

近年来，我国不断增加城市基建投入力度，很多城市愈发生态宜居，而农村相关基础设施的建立滞后，导致生活便利性形成极大的反差。在优越生活条件的吸引下，许多农村劳动力选择离开农村到城镇就业生活，而不愿意待在农村，相关数据反映在对农村的认同感变化上。同时，从调查数据看，2019 年底超过 70% 被调查者认为，自己被城镇优越生活条件吸引，才选择到城镇生活。

[①] 　资料来源：《2019 年农民工监测调查报告》，本书根据国家统计局相关数据整理所得。

三、产业黏着

中国农村劳动力转移依赖于农村自身的发展，更为重要的是依赖于城镇产业发展的吸附与黏着，只有在城镇获得稳定的就业岗位，农村劳动力才具备永久性转移的条件。通常讲，第二产业对劳动力的吸附作用强于第一产业，第三产业又强于第二产业，城镇产业结构升级才可为农村劳动力人口转移提供必要的条件基础。根据《2019年农民工监测报告》可知，农民工就业状况方面，第三产业就业比重继续提高，从事第三产业的农民工比重为51%，比上年提高0.5个百分点。其中，从事交通运输仓储邮政业和住宿餐饮业的农民工比重均为6.9%，分别比上年提高0.3和0.2个百分点。从事第二产业的农民工比重为48.6%，比上年下降0.5个百分点。其中，从事制造业的农民工比重为27.4%，比上年下降0.5个百分点；从事建筑业的农民工比重为18.7%，比上年提高0.1个百分点。

同时，2000~2014年，我国东部沿海相对发达的省市制造业日益集聚，与之伴随的是劳动力由中西部欠发达省市向发达省市移动。近年来，随着制造业向内地转移，内地欠发达地区的产业结构逐渐发生变化，农村劳动人口转移的空间格局也将与产业转移相匹配而发生变化。

结合前文对农村转移劳动力受教育程度的分析，此处不再对文化水平影响进行探讨。基于城乡收入差距、城镇优越生活条件及产业黏着的推拉作用，在以人为本的城镇化建设背景下，农村劳动力向城镇转移的意愿问题一定程度上可以得到解决。

第四节　社会影响分析

劳动者是城镇的建设者，同时是经济社会的主要消费者，区域经济的持续增长很大程度上取决于对人口的吸引尤其是对高层次人才或各类专业技术人才的吸引。人口的聚集，一方面增强了区域的生产能力，另一方面带动了区域的消费能力。因此，承接农村转移劳动力较多的地区，经济增长速度相对较快。2019年，我国东北地区就业农民工为895万人，同比降低1.1%，而且呈现出逐年下降趋势，这一趋势与东北经济增长趋势具有一致性。与此同时，我国东部沿海地区吸纳农民工就业量有所减少，同比降低 0.7%，中西部地区开始增大，说明近年来我国推行的扶贫政策开始发挥作用。具体来讲，主要体现在以下几个方面：

一是凝聚了产业集聚发展的基础。农村劳动力向城镇集中，便于制造业规模经济作用的发挥以及产业链的形成，促进城镇公共基础设施的充分利用，使得工业化与城镇化进行了很好的融合，从而促进了智能化制造业的崛起，特别是通信、信息等新型基础设施的覆盖，进一步加强了产业的集中与区域经济的发展。

二是推动了乡村振兴。大量的农村劳动力离开了农业农村，促进了农业的规模经营，使得农业生产效率得以大幅度提升。同时，外出劳动力在城镇获得了非农技能和资金，可以返乡创业并带动乡村共同富裕。

三是带动城乡文明的融合发展。随着城乡融合水平的提升，返乡农民工也把城市的生活方式带回农村，促进了农村生活方式的改变，城乡文明的差异日益模糊。同时，农村的景观功能和乡村文化特色作为一种新的经济现象越来越多地涌现出来。

四是促进城镇就业环境优化。新生代农民工就业不仅要合乎自己要求的工资，还要有适合自己发展的机会，包括自己喜欢的工作环境、居住环境、娱乐环境，为了保持在城镇生活的稳定性，他们会重视自己可获得的社会保障水平，会把企业是否缴纳社会保险作为就业选择的标准，他们会主动维护自己的合法权益，而城市为了接纳他们也必须做出适应性调整。

第五节　小　结

2012 年以后，中国农村劳动人口向城镇转移的速度逐渐下降，不论"刘易斯拐点"是否已经到来？可以肯定的是，农村劳动继续转移的动力不足，使得我国在仍然保有大量农村人口的同时，城乡人口比例却逐渐达到了一种动态均衡状态。本章利用国家社会科学基金项目"邓小平对改革开放的历史性贡献研究"课题组相关问卷调查数据，并结合国家统计局发布的《农民工监测调查报告》，从劳动力转移现状特征、就业状况、驱动因素以及社会影响四个大的角度进行阐述与分析，为本书深入研究农村劳动力转移模式夯实了现实基础。

第五章

中国农村劳动力转移模式演进路径

进入新型城镇化阶段后，中国农村劳动力转移总量持续增加，但增速有所下降，为进一步推动社会发展，提升城镇化水平，政府围绕新型城镇化建设出台了包括《推动1亿非户籍人口在城市落户方案》在内的一系列激励政策，鼓励农村劳动力的永久性转移，且呈现出一定的效果。然而，本书研究认为，在新型城镇化背景下中国农村劳动力转移过程中，由于政府过度地重视人口的永久性转移，导致当前转移模式带来很多潜在的问题亟待消化解决。

第一节　农村劳动力转移模式的演进路径

新型城镇化背景下，随着经济的快速发展，中国农村劳动力转移模式不断演进与嬗变；就时间维度划分的三种转移模式看，转移模式日益由暂时性转移向半永久性和永久性转移转变。具体分析如下：

一、暂时性转移当前仍然是重要的转移模式

中国农村劳动力的暂时性转移指农村户籍劳动力为谋生而转移至城镇短期务工，暂时居住城镇的人口转移类型。短期工作完成后或者工作期间也经常会回到农村居住，他们熟悉农村农业生产，农忙时回到农村做农活，农闲时到城市寻找短期工作，城市只是其挣钱的场所，他们对城市生活没有奢望，也没有归属感，认为农村才是他们的根。农村劳动力这种暂时在城镇居住和工作的状态没有明确的时间长度标准，可能伴随他们的一生。这种转移模式在改革开放

后的前 20 年较为普遍，专有的通俗称呼为"农民工"。

然而，随着时间的推移，改革开放初期外出务工的农村劳动者逐渐老去，他们或者在农村颐养天年或者已入土为安，年轻一代的农村劳动者多半接受过更高的教育，他们中很多人不再满足于短期到城镇赚钱、然后回到农村生活的人生选择。进入新型城镇化建设阶段后，国家的政策也由过去担心大量农村剩余劳动力涌入城镇带来社会问题的抵触心态，逐渐转变为开放接纳的心态，随着老一代"农民工"逐渐老去，虽然暂时性转移目前仍然是转移的重要模式，但由于年轻一代对农村的乡土情结日渐淡薄，暂时性转移模式在中国农村劳动力转移中的重要性日趋下降（见表 5-1）。但由于基于生老病死的人口代际转换具有渐进性，暂时性转移依然是农村劳动力转移的重要形式。

表 5-1　　　　　　　　2012～2018 年中国农村劳动力暂时性转移数据

项目	2012 年	2013 年	2014 年	2015 年	2016 年	2017 年	2018 年
转移人口（万人）	14 120.9	14 062.7	13 779	14 190.8	13 601.7	13 194.4	13 315

注：数据根据论著对农村劳动力暂时性转移定义，采用 2012～2019 年《中国统计年鉴》以城镇就业人口数量减购买城镇社会养老保险的在职人口数量进行估算。

二、半永久性转移群体日益扩大

半永久性转移指农村户籍人口长期居住在城镇且未来仍然长期在城镇工作和生活的人口转移类型。半永久性转移劳动人口在城镇工作岗位购买了社会保险和养老保险，他们的家人、孩子也会和他们一起在城市生活，但由于户籍在农村，农村还有其他亲戚等人际关系以及土地、房屋等不动产，所以偶尔回家居住或探亲。这类人群由于城镇的各种政策和自身的能力限制使得他们不具备永久性居住或落户在城镇的条件，虽然他们长期在城镇生活但却没有真正永久性地转移至城镇，处于迁移和不迁移的摇摆状态。农村劳动力这种摇摆状态没有明确的时间长度标准，本书以是否购买城镇社会保险为条件进行区分。

进入 21 世纪后，农村劳动力转移群体年龄偏向于年轻化，转移者受教育程度越来越高，他们虽然在农村接受教育，但有机会接触到来自城镇的各种信息，而且可以凭借自身的知识条件，在城镇谋取更高收入的工作，足以支撑其在城镇长期居住生活。这部分群体乡土意识淡薄，他们没有参加过农业生产劳动，也不具备农业生产劳动所需要的体能素质，更不愿意从事农业生产活动，对农村的最大依恋是家里的老人，除此之外是农村宅基地与耕地承包经营权。老人作为情感寄托，土地则作为在城镇工作出现危机时的一个退路选择。

截至 2019 年 12 月 31 日，全国城镇常住人口 84 843 万人，占总人口比重（即常住人口城镇化率）为 60.60%，户籍人口城镇化率为 44.38%，约 2.28 亿农村户籍人口长期生活在城镇，2017 年 12 月 31 日，该数据约为 2.24 亿。同时，根据国家卫生健康委发布的 2017 年中国流动人口动态监测调查数据（China Migrants Dynamic Survey，CMDS），有 44.24% 的流动人口购买城镇社会保险，因此，半永久性转移农民工数量约为 1.24 亿人（2017 年中国农民工数量约为 2.8 亿）。由以上数据可知，中国农村劳动力半永久性转移群体数量日益扩大。

三、永久性转移成为政策的主导方向

永久性转移指农村劳动力在城镇学习、工作和长期居住，习惯了城镇的生活方式，将户籍从农村迁入城镇，拥有城镇户籍的人口转移类型。这种类型的主要群体为接受高等教育的农村学生和部分经商成功的农村进城务工人员。永久性转移劳动人口对城市充满了向往和期待，他们在城镇生儿育女，虽然父母或其他亲戚或许依然生活在农村，但随着户籍的转移，该群体基本失去了农村的耕地和宅基地，他们已经无力从事农业生产，也不再愿意回到农村去生活，即便回去也无法再融入农村乡土社会。我国每年有一定体量的农村户籍人口通过转移户籍迁移到城镇。截至 2019 年 12 月 31 日，全国户籍人口城镇化率为 44.38%，而 2017 年 12 月 31 日全国户籍人口城镇化率为 42.35%，上升了 2%。

2016 年 9 月，国务院正式发布《推动 1 亿非户籍人口在城市落户方案》，2019 年 4 月，中国国家发展改革委员会发布了《2019 年新型城镇化建设重点任务》助力方案实施，各级部门不断努力推动农村劳动力到城镇落户，实现永久性转移。与此同时，各地也不断加大相关鼓励落户的政策，鼓励农村劳动力尤其是高等教育接收到城镇永久性居住。在农业转移人口的土地权益问题上，2018 年 8 月，中共中央、国务院印发《乡村振兴战略规划（2018～2022 年）》提出：维护进城落户农民土地承包权、宅基地使用权、集体收益分配权，引导进城落户农民依法自愿有偿转让上述权益。加快户籍变动与农村"三权"脱钩，不得以退出"三权"作为农民进城落户的条件，促使有条件的农业转移人口放心落户城镇。农村劳动力永久性转移模式成为各级政府努力推动的方向。

四、多种转移模式交叉并存

不论是政府主导的永久性转移，还是自发的半永久性转移，都无法挤占其他转移群体的客观存在，今后一段时期内，多种转移模式交叉存在成为中国农村劳动力转移的主流形式。从时间维度看，暂时性转移、半永久性转移、永久性转移交叉存在；从区域维度看，农村劳动力本地转移与跨区域转移并存，本地城镇化与向沿海地区转移并存，农村转移至小镇再转移至城市的梯度转移模式同时存在；从转移者的社会关系看，个人转移与举家迁移并存。

第二节　农村劳动力转移模式演进问题研究

改革开放以来，中国农村劳动力转移取得了巨大成就，人口城镇化率由1978年的17.92%上升到2019年的60.60%；与此相伴随的转移模式也在逐渐变化，由暂时性转移向半永久性转移过渡。然而，由于城镇就业、劳动者素质等一系列因素制约，政府鼓励的永久性转移模式短时间内很难成为主流形式，因此，由暂时性向半永久性和永久性过渡的转移模式是发展的必然趋势。

不难发现，当前中国农村劳动力转移模式依然存在以下几个方面问题。

一、农村劳动力素质与新型城镇化建设需求不匹配

劳动者素质的高低直接影响着其就业，农村劳动力的素质水平同样影响着劳动力的转移与流动。随着我国经济的快速增长及经济结构的不断转型，市场对劳动力的需求不断提升，过去简单重复劳动即可创造价值的传统低端制造业逐步被高资本密集型制造业取代，其劳动力需求也同步提高，要求劳动者具有一定的文化素质或专业技能。然而，在我国，农村劳动力素质偏低，受教育程度较低，并不能满足劳动力市场的扩张需求，职业竞争力有待提高。与此同时，随着城镇化进程，农村劳动力的供给数量和供给速度却在逐渐增加。农村劳动力供给与劳动力市场需求在数量和质量上不平衡，出现了结构性的矛盾和差异，导致近年来频繁出现沿海地区用工难、"民工荒"问题。

造成这一现象的原因是多方面的：首先，从农民自身出发，受到传统小农思想的影响，他们更多地考虑到自身的眼前利益，相对于政府组织的职业技

能培训所花费的时间，他们更愿意从事以日工资作为结算单位的工作，也不愿意将时间花费在听课、学习方面。职业技能培训由初期的农民积极主动参与变为现在的政府鼓励农民被动参加，更有一些地方政府为了鼓励吸引当地农民进行职业培训，在免费培训的基础上，还要付工资给参加培训的农民，以此作为激励。

二、以户籍人口标准进行公共服务配置，导致一系列社会问题

目前，我国大中城市的户籍准入条件依然较高，很多农村劳动力转移至这类城市工作生活但出于各种原因无法落户，导致大量的非户籍常住人口存在。而我国的城市公共服务投入均以户籍人口标准进行配置，导致公共资源配置与常住人口失衡，农村转移劳动力很难享受到与户籍人口平等的公共服务。如某些地区，流动儿童能够在城市上学，但其受教育环境较差，没有得到国家财政支持的农民工子女，不能进入国立学校，流动儿童总是不断地转换学校。这种现象对农民工子女的教育有很大的负面影响，严重制约了农村劳动力的转移意愿。

同时，农村劳动力盲目转移也会导致一系列社会问题。中国农村剩余劳动力转移大多是其自发进行的，多以亲缘或地缘为接口进行。大部分进城务工人员主要通过舆论为向导或经过他人介绍等非正式渠道得到城市招工信息，因此经济发展又快又好的城市就成为农村劳动力外出的首选之地，但常常会形成城市劳动力过剩的现象，这很容易导致就业竞争加剧，如果不能及时找到工作，加上城市综合治理能力的不匹配，导致抢劫、偷盗等严重社会问题，如深圳、东莞等地直到 2010 年此类问题才得到改变。即使有的农民工可以获取工作，但他们必须承受较高的生活成本，很难形成资金积累，从而加大了农村剩余劳动力的"回流"几率。

三、重视永久性转移，相对忽视半永久性转移

2016 年以来，迫于经济下滑压力，各地政府突然掀起一股抢人大赛，纷纷颁布新的户籍政策，降低户籍迁入标准。2017 年 3 月 1 日起，西安出台了"三放四降"政策，放开普通大中专院校毕业生的落户限制、放宽设立单位集体户口条件、放宽对"用人单位"的概念界定，降低技能人才落户条件、降低投资纳税落户条件、降低买房入户条件、降低长期在西安市区就业并具有合法固定住所人员的社保缴费年限，拉开了国内"抢人大战"的序幕，诸如杭州、成都、

深圳、郑州等城市各地纷纷加入，除北京和上海原本户籍人口压力较大的城市外，无一例外。

对户籍人口增长的重视，一定程度上昭示着各级政府对人口永久性转移的关注，换一个角度看，则呈现出地方政府仅仅关注户籍人口，而对于半永久性居住的农村劳动力关注程度不足。对永久性转移的重视及对半永久性转移的相对忽视已经成为我国普遍存在的现象，某种意义上讲，半永久性转移群体已等同于城镇居民，在这样的条件下，政府对半永久性群体进行政策关怀仍有待加强。

第三节　小　结

在改革开放之后的40余年里，我国农村劳动力实现了跳跃式的转移，具体来看，主要按照"暂时性—半永久性—永久性"的递进模式推进。改革之初，大量的农村剩余劳动暂时涌进城镇谋生，随着时间推移，大量的劳动者长期在城镇生活，逐渐转化为半永久性转移群体，而之后部分人选择将户籍迁出农村，永久性地在城镇生活，完成了转移模式演进与嬗变。

第六章

国外农村劳动力转移模式借鉴

当前世界主流发达国家农业就业人口在社会总劳动力中所占比例通常很小。即便在工业化初期，这些国家农业劳动力在社会总劳动力中所占比重虽然较高，但并未像现在发展中国家那样存在大规模的剩余劳动力，个别国家（如美国）甚至还出现了劳动力短缺现象。一般来讲，发达国家农村劳动力转移是伴随着工业化的推进而产生和发展的；从整体上看，这些国家非农化与城镇化的进程是同步的。但这些发达国家受本国经济、历史、文化、制度环境等因素的影响，其农村劳动力转移的具体模式仍各具特色。

第一节　自由迁移的美国模式

一、转移模式介绍

美国作为一个全球知名的移民国家，其典型特征是地多人少，这些移民后裔开始主要从事农牧业生产，且人均占有土地资源量较大，因此在工业化初期并未出现大规模的农村劳动力转移，导致美国在推进工业化和城镇化时面临劳动力短缺的问题，农业与资本主义工商业之间对劳动力的争夺，成为后来南北战争的导火索。美国农村劳动力从 19 世纪 20 年代开始进入自由迁移阶段，一直延续到 20 世纪 70 年代，吸收农村劳动力的部门主要为大城市的工业部门与第三产业部门。总体来看，在美国工业化大规模发展时，农村劳动力由农业转向非农产业比较自由；因此，美国农村劳动力转移模式属于自由迁移型的。

二、转移历程回顾

19 世纪初至 20 世纪中叶，美国农村劳动力自由转移经历了一个多世纪，根据转移的进度，农村劳动力向非农业部门转移历程可分为三个阶段：转移启动、第一次转移高潮与第二次转移高潮（战冬梅等，2008）。

（一）工业革命推动农村劳动力初步转移（1820～1880 年）

1776 年，美国脱离英国殖民统治独立时，农业在国民经济中占据主导地位，社会发展缓慢；受制于工业发展落后，农业劳动力很少发生转移。受英国第一次工业革命成果的吸引，美国在 1820 年左右启动了工业革命。在工业化初期，工业发展对农业的影响较小，农村劳动力向城镇转移的速度缓慢，且主要呈现为近距离或同地区转移。19 世纪 30 年代左右，美国掀起"西进运动"，是其历史上第一次农村劳动力大规模转移。劳动力跨地域转移带动了工业城市的崛起，农村人口逐渐在城市工业部门就业并成为产业工人。加利福尼亚金矿于 1848 年被发现，吸引了大量的淘金者向金矿区转移，人口转移伴随着"淘金热"兴起。美国南北战争爆发后，林肯政府于 1862 年颁布《宅地法》，鼓励西部大开发，规定美国公民在西部地区的土地上耕种 5 年就可成为土地的所有者，在政策红利驱动下，劳动力持续向西部转移。1869 年，第一条横跨美国大陆的铁路枢纽美国太平洋铁路竣工，为人口自由迁徙创造了条件，农村劳动力转移更加便捷，转移的时间成本降低，但总体来看，该阶段转移总量并不是很高，而且主要表现为跨区域的转移。

（二）第一次农村劳动力转移高潮（1880～1950 年）

19 世纪末，尤其是美国南北战争结束后，美国工业革命不断发展，工业化进程快速推进，一、二、三产业的结构发生巨变，工业部门取代农业部门在国民经济中占据主导地位，对劳动力的需求不断攀升。工业革命也带动了农业机械化发展，农业机械的使用大幅提高农业生产率，释放了大量农村劳动力，并最终转移到工业部门。这一时期，美国初步实现了工业化，工业就业人口占比快速上升，农村劳动力转移数量增加了一倍并到达了高潮。20 世纪初，美国的服务业开始发展，第三产业的兴起和从业人员收入的提高吸引了大量的农村劳动力向城市转移。由于服务业比重不断上升，尽管之前在由农业经济向工业经济转变阶段落后于英国，但在由工业经济向服务经济转变的阶段，美国超越了英国。1929 年全球经济大危机时,美国政府为了解决农业中过剩劳动力转移问题,扩大政府支出,直接吸收他们到国家兴办的工程、企业或团体就业,为农村劳动力离开农业开辟了一条新的路径。20 世纪 40 年代,美国第三产业的就业比重超过 50%,农村劳动力转移进入良性轨道,第一产业的就业比重随之锐减,从"二战"前的 22% 下降到 1950 年的 12%。该阶段的农村劳动力转移主要由产业转型驱动,相对于第一阶段的区域开发转移,其规模与影响更大。

（三）第二次农村劳动力转移高潮（1950 年至今）

由于受第二次世界大战影响较小,并且拥有强大的经济基础、先进的技术和卓越的人才,美国于 1955 年左右进入了以计算机、原子能等技术的应用为标志的第三次科技革命。一方面,伴随科技革命产生了大量的新行业,科技革命和新行业的发展对劳动力产生了大量的需求;另一方面,美国农业机械化的快速发展推动了家庭农场大规模扩张,更多的剩余劳动力被释放了出来,这些富余劳动力也都向新兴行业转移。从第二次世界大战至今,美国的农村劳动力转移人数约 7 000 万,服务业几乎吸收了全部的转移劳动力,数据显示,2007 年,美国第三产业的就业比重上升至 78%。

美国劳动力转移是工业化、技术进步和新兴产业发展的结果,从最初以农业为主向工业发展,最后发展为第三产业占绝对主导地位,农村劳动力伴随实现了从农业向非农的第二产业和第三产业的转移。美国广袤的土地资源、得天独厚的自然条件、高度发达的机械化水平,为解放农业劳动力、实现劳动力的转移提供了必要的物质基础,相对于工业发展而言,世纪之交的几十年间,美国的服务业吸收了更多的农村富余劳动力。

三、转移模式的特征

（一）工业与农业共同发展

美国 19 世纪末基本实现了工业化,工业生产总值增长了 3 倍,工业部门的进步增加了对劳动力的需求,快速推进的工业化也带来了农业生产技术的革命。因此,美国是农业现代化最快的国家,20 世纪 40 年代已实现农业机械化,农业劳动生产率得到了提高,农业产值增长了 14 倍,农业机械化进一步压缩了对农业劳动力的需求。农村劳动力从农业部门分离出来后又被工业部门消化,缓解了工业部门劳动力短缺的压力。因此,美国的农村劳动力转移遵循着"边产生，边转移"的自发过程，在这一过程中工业与农业实现了协同发展（李仙娥等，2004）。

（二）转移以科技进步为前提

美国拥有广阔的土地资源，在工业化过程中并未面临人口过剩的压力。这使得美国在大多数时期内所面临的不是农村劳动力如何转移的问题，而是如何用其他投入替代农村劳动力，满足非农业部门对劳动力日益增长的需求。此外，得天独厚的自然条件也使得农业发展不仅为农村劳动力的转移提供了必要的物质条件，还间接创造了大量的非农就业机会。美国农村劳动力在大规模工业化条件下自发地转向非农产业，一方面，工业的快速增长提高了农业的机械化水平和农业劳动生产率，解决了地多人少的矛盾；另一方面，由于农业机械化而分离出来的部分农村劳动力被发展快速的工业化消化掉，这种转移是以农业劳动生产率迅速提高为前提的。

（三）转移群体自由迁徙

美国政府对人口转移没有政策限制，因此，在工业发展产生对农村劳动力需求后，农村劳动力可以自由地迁徙到国内的任何城镇，极大推动了国内人口的跨区域转移。大范围的自由迁徙，一方面带来人口的积聚，加速发展较快区域的增长，推动美国工业化建设；另一方面也加速了美国的民族融合，成功实现了美利坚民族的形成（李仙娥，2004）。

四、经验借鉴与启示

（一）第三产业快速发展提供了劳动力吸纳空间

从不同产业结构调整对劳动力需求变化的驱动看，第二三产业的发展，尤其是第三产业的发展为美国农村劳动力的流动提供了吸纳空间。美国发展经验表明第三产业吸收了大量农村劳动力，流向第三产业的劳动力数量甚至超过第二产业，数据显示：1910～1950年，美国共增加1 552万劳动人口，其中，农业劳动力减少408万人，工业劳动力增加661万人，第三产业劳动力增加1 299万人（张俊霞等，2012）。考虑到第三产业有些部门对劳动力素质和技能要求较低，与中国农村劳动力素质的现状和特点相适应；且与第二产业相比，发展第三产业需要的资本水平不高，与中国投资资本相对短缺的国情相适应。大力发展第三产业有利于农村剩余劳动力的吸纳。

（二）农业劳动生产率的提高是农村劳动力转移的基础

美国农业机械化水平的提高，推动了农业劳动生产率的提高，从而减少了农业部门对劳动力的需求，释放了大量富余劳动力。因此，一个国家或地区应该首先发展农业，才能推动农村劳动力转移到非农产业，提升农业现代化水平有利于农村劳动力的顺利转移。与美国相比，中国当前农业科技水平还有些落后，今后相当长的一段历史时期内，提高农业科技创新能力和农业生产率是中国城镇化建设与乡村振兴的最优战略举措。

（三）农业产业化经营是农村劳动力转移的先决条件

从美国农村劳动力转移历程可知，农业产业化经营大幅度地提高了农业产值，给其他产业发展提供更加坚强的后盾，同时产生了更多的农村富余劳动力。众所周知，美国进出口总额中，农产品出口一直都是其国际贸易的核心竞争所在，主要得益于美国农村产业化经营。因此，我国必须充分重视农业在经济发展中的作用，避免农村的空心化，加强农业产业化经营和现代化管理，以加快农村富余劳动力转移和城镇化建设。

（四）适合的土地制度是农村劳动力转移的关键要素

美国地广人稀，农村劳动力转移进程中，随着农户经营规模的逐渐变大，出现了大农场。美国实行农场经营制度，推动农业土地集中开发与经营，促进农村劳动力的转移。中国人口众多，人均耕地面积少，长期以来坚持集体土地所有制。在城镇化过程中，国家推动土地合理流转，鼓励农业适度规模化经营，可以从农业部门释放更多的劳动力。因此，中国应根据国情变化，制定合理的土地经营制度，巩固农村劳动力的转移。

（五）统筹城乡就业的管理体制为农村劳动力离开农业创造条件

美国政府为了解决农业中过剩劳动力转移问题，扩大政府支出，直接吸收他们到国家兴办的工程、企业或团体就业，为美国农村劳动力离开农业创造了条件。我国应从为农村劳动力离开农村进入城市解决体制问题，具体如下：

（1）建立健全统筹城乡就业的领导机构和工作机制，加强对就业工作的统一协调和宏观管理。

（2）将农民农村劳动力转移和城镇居民就业纳入国民经济和社会发展规划，建立就业目标考核体系。

（3）研究制定就业促进法、统筹城乡就业的指导意见和促进农民农村劳动力转移的实施意见，促进城乡就业协调发展。

（4）研究建立统筹城乡就业的统计制度，采用科学的就业和失业统计指标体系。

第二节　英国农村劳动力转移模式

一、转移模式介绍

英国农村劳动力转移主要发生在第一次工业革命期间，采取"圈地运动式"的强制性转移模式，而且在转移推进过程中甚至直接实施国家干预的手段。从历史跨度看，英国农村劳动力转移大约经历了4个世纪，伴随着殖民扩张，农村劳动力除了向非农产业转移外，还有向殖民地国家转移的。

二、转移历程回顾

追溯历史可知，英国既是世界上最早启动也是最先完成农村劳动力转移进程的国家，其大规模转移始于18世纪20年代，历经两个半世纪，于20世纪70年代基本完成。从历史发展阶段看，英国农村劳动力转移持续了约4个多世纪，大致可划分为四个阶段：第一阶段始于圈地运动，直至18世纪20年代；第二阶段从18世纪30年代工业革命开始，直至19世纪末；第三阶段从19世纪末到第二次世界大战；第四阶段从第二次世界大战结束直至当前。具体发展过程如下所示：

（一）"圈地运动"阶段

回顾历史可知，15世纪的"圈地运动"是英国劳动力转移发展的起点，而从15世纪"圈地运动"至18世纪20年代工业革命爆发前夕结束，既是英国劳动力转移的第一阶段，又是作为劳动力转移的起步阶段，自然对英国劳动力转移的发展影响极具有历史性。首先，英国农村的"圈地运动"加速了农村劳动力与土地（耕地）分离过程，导致英国农村出现大量无地农业人口，而其中一部分人就被迫转移到城镇谋生，这就开始了农村劳动力向城镇转移的迹象。

此外，据相关研究可知，经济发展是英国农村劳动力转移的物质基础，15世纪伴随西欧海外贸易的快速发展，大量的黄金贵金属涌入社会流通领域，致使英国传统农村社会经济结构发生了深刻变革，具有资本主义性质的大农场、大牧场和工场手工业迅速发展，而"圈地运动"的演进，导致大量农民失去土地。而这些被排挤出农业生产领域的乡村劳动力，要么成为农业雇工，要么流入城市成为雇佣工人和产业后备军。至此，"圈地运动"开始以强制的方式直接推进了英国农业人口非农化转移的进程。

（二）工业革命阶段

从英国的发展史可知，第一次工业革命的爆发，是奠定英国国力发展强盛的重要现实基础，而第一次工业革命的爆发，同样是英国农村劳动力大规模、自发向第二产业和第三产业转移的重要阶段，即18世纪30年代至19世纪末。

这一时期的英国也在工业革命的推动下，社会生产力得以快速发展，工业、采矿、建筑、交通运输、商业贸易以及服务性行业得到爆破式发展，而在此社会背景下的劳动力供需也发生了重大的改变。一方面是城市工业的发展产生了大量的劳动力需求，另一方面是英国比较优势格局发生了重大改变。具体展现为：经济的迅猛发展为农村劳动力向城市转移创造了广阔的就业空间，随着农村富余劳动力在城市生计来源的稳定和对城市生活方式的适应，转移群体逐步融入城市文明，完成了市民化的过程，而英国也由粮食出口国转变为粮食进口国。

此外，在人口权重方面，也发生了巨大的变化，第一次工业革命前，英国农村人口比重约为80%，但到19世纪初，英国农业人口比重已然下降至35%，到19世纪中叶更是下降至25%，基本完成了城市化进程（丁艳平，2014），而且彼时第二产业占国民经济的比重也超过了第一产业。

（三）纵深发展阶段

第三阶段是英国劳动力转移纵深发展的重要阶段，该时期处于19世纪末至第二次世界大战期间。从英国工业发展史可知，19世纪中叶至20世纪中叶，长达一个世纪的时间里，工业一直是英国经济中容纳劳动力最多的部门。这一时期，以电力广泛应用为标志的第二次工业革命推动了科技进步，大幅度提高了农业劳动生产率，从而进一步释放了英国农村的富余劳动力。与此同时，英国农业劳动力陆续地涌向第二产业，劳动力转移逐渐步入正轨，但由于此时产业的转型升级并未产生出足够多的岗位需求，因而，为了实现农村劳动力的顺利转移，英国政府出台了一系列的激励政策，如普及教育、建立劳动移居地、再就业制度和劳动保障制度等措施，极大地解决了农村劳动力在城市遇到的困境。另外，世纪之交，英国农业人口比重仍在不断下降，到 20 世纪初，英国农业人口的规模已下降至 8.9% 左右。（吴亮，2014）

（四）政策驱动阶段

英国劳动力转移的第四阶段从第二次世界大战结束至今，是英国政府人为地积极创造农村富余劳动力阶段，该阶段的劳动力转移动力主要来源于政府政策激励。该时期的英国政府十分重视农业科研和教育，一方面依据本国国情，出台了鼓励农业科技发展的政策，推动农业生产率的提升；另一方面大力提高农业劳动者素质和发展现代农业，提高农业劳动生产率，进一步制造农村富余劳动力。同时积极发展第三产业吸纳农村转移劳动力，至 1950 年后，服务业逐渐成为英国劳动力转移的主要吸纳部门。

另外，英国政府还积极发展社会保障和社会福利事业。随着第三次科学技术革命的兴起，英国经济和科技的快速进步，促使英国建立了从"摇篮到坟墓"的福利制度，极大地保障了农村富余劳动转移到城镇后的生活与工作安全，而且完善的福利制度也消除了农业劳动力转移的后顾之忧，强化城市的融入感与包容性，进一步弥合了城乡差距，实现了城乡经济社会关系的再造。迄今为止，英国仍在积极创造条件，进一步释放农村劳动力，并积极引导农村劳动力向最优化方向转移。

三、转移模式的特点

纵观世界历史长河，英国在资本主义早期发展的推动下，成为了世界首个开始探索农村劳动力转移的国家，并且在资本主义经济发展引致农村劳动力转移的案例上，英国成功诠释了一条完美的政府强制与引导的城镇化道路。通过分析英国劳动力转移的过程，可总结出英国劳动力转移模式的几个特点，具体如下所示：

（一）圈地运动和工业化直接推动了农村劳动力转移

英国是世界上劳动力转移最早的国家，始于 15 世纪末，转移历程大概经历了 4 个世纪的时间。从转移模式看，英国政府采取"圈地运动"的方式强迫农村劳动力向非农产业转移，强制性是英国农村劳动力转移的一个显著特点。一方面，农民由于失去了土地而受到生存的压力，只能被迫涌入城市；另一方面，技术的进步加快了城市工业的发展进程，制造业的机械化和工厂化使得生产规模急剧扩大，紧缺的劳动力成为阻碍城市工业发展的一个难题，而大量农村劳动力的涌入，极大地解决了这一难题，充当了廉价的劳动力。因此，机器、劳动力、纺织业原料的有机结合，自然快速地孕育出了机器大生产制度下的新生产力，并且劳动力转移在及时解决工业发展中劳动力供给不足矛盾的同时，也顺利地使英国的手工工厂过渡到机器工厂。

（二）农业劳动力转移同时依赖于国内国际两个市场

英国非农化的进程在依赖国内市场的同时，也得益于出口市场的规模和效率。英国作为当时世界上最大的殖民主义国家，自然在国外占据多个殖民地。因而，殖民地国家成为英国农村剩余劳动力的主要流入地之一。由此可知，农业劳动力不仅向国内非农产业转移，而且向殖民地大规模移民。据相关数据统计，19 世纪，爱尔兰向非洲移民 490 万人左右。这意味着英国农村劳动力的转移不仅加快了本国城镇化发展，而且推动了其他国家城镇化的发展。

（三）英国农村劳动力的转移以牺牲农业为代价

从英国劳动力转移的发展过程可知，农村劳动力的转移本身不是由于内生动力而开始的，而是在外力的引导下被迫转移的，即英国农村劳动力的转移不是建立在农业高速发展的基础上，从某种意义上讲是以牺牲农业为代价的。因此，作为资本原始积累过程，圈地运动本身是对农民的剥夺过程，也是将生产者和生产资料分离的历史过程。此外，经过几百年对农民的暴力剥夺，英国的自耕农经过转移的途径大量减少并逐渐消失，农民转化为雇佣工人，工业发展获取了必需的劳动力要素资源。

伴随着农村劳动力的转移以及城市工业化的演进，英国逐步从一个以农业为基础产业的传统国家转变为一个以工业为基础的现代国家，农业在国民经济中的基础性地位逐渐让位于工业。此外，劳动力转移致使英国农业逐步衰退，英国的食品供应严重依赖于世界市场，人口城市化过程中所需的粮食、肉类和作为原料的农产品越来越多地依靠从国外进口。

四、启示

综上所述，英国农业劳动力转移模式的形成，与当时英国国情不无干系，甚至可以说是英国政府的有意引导。政府通过出台政策或制定法律强制和引导农村劳动力向非农领域转移，并摸索出一套政府主导型的转移模式。基于此，我国可从英国劳动力转移的发展历程中，获得以下几点启示：

（一）政府的政策和法律制度是影响农村劳动力转移的主导因素

表面上农村剩余劳动力转移看似一种市场行为，但实际上政府适时有效的政策法规在消除劳动力转移就业的制度障碍和促进农村劳动力转移方面起到了重要的主导作用。从英国的圈地运动可知，其实就是英国政府用强力手段消灭小农经济的过程，既是英国所独有的现象，也是政府强制性干预农村劳动力转移的表现。事实上，在工业革命之前，英国人口流动在很大程度上受旧时法律的限制，农村劳动力转移较为困难。但工业革命后，为了满足工业发展对劳动力的大量需求，英国出台了一系列法律法规，以放宽对居民迁移的限制，如1795年的《贫民迁移法》、1834年的《新济贫法》以及1865年通过的《联盟负担法》的实施，逐步消除了限制人口流动的法律制度障碍，使得农村迁移人口数量大幅度增加。此外，政府也从社会保障和社会制度等方面给予支持，积极创造就业岗位，主动破除各种阻挡农村劳动力转移的障碍，为人口自由流动创造条件，这也是英国劳动力成果转移的重要保障。

反观我国当前的农村劳动力转移历程，仍面临着一系列政策法律制度的障碍，亟须进行改革调整，具体体现为：

（1）要加快城镇户籍制度改革，针对不同等级的城市制定不同的落户政策。

（2）要完善现有劳动就业制度，打破发达地区和大中城市的就业壁垒，建立城乡一体、平等竞争的劳动力市场，并加强对转移劳动力的就业服务和合法劳动权益的保护。

（3）通过成本分摊机制等制度创新，逐步建立和完善农民工公共服务和社会保障体系，如城市教育资源向农民工子女开放，给予他们同等的受教育条件，将农民工纳入城镇住房保障体系，使他们中符合条件的人也能享受保障性住房，尽快完善农民工的住房公积金、养老保险、失业保险、医疗保险和最低生活保障等社保制度，解除他们进城的后顾之忧。

（4）探索农村产权制度和土地流转制度改革，在进一步扩大农民对承包土地、宅基地、农房和集体资产股权处置权的基础上，鼓励具备条件的农民工在自愿的前提下采取多种方式自由合法地转让土地、宅基地、农房和集体资产股权等，或对这些资产进行折价入股，带股入城；或保留土地承包权，依法流转经营权等。

总而言之，鼓励农民工携带家属进城，既可以降低他们向城市迁移的成本，也可以让他们逐步脱离和农村的联系，成为真正的城市居民。

（二）工业化和城市化是农村劳动力转移的推动力

世界各国农村人口向城镇流动都伴随着科技革命和产业革命发生。18世纪后期至19世纪中叶，以非生物能源为动力，以粗糙的机器大生产和低技术水平为特征，以煤炭、钢为物质基础的科技革命率先爆发于英国，推动英国率先完成第一产业向第二产业的转变，以及农村劳动力的转移。而19世纪下半叶至20世纪初，以内燃机和电动机为主的"电工技术革命"，使工业化由欧洲核心地区向周围地区扩散，西欧从事农业劳动的人口降到了40%以下。

由此可知，农村劳动力转移是工业化产物，发达国家无不通过发展工业促进农村劳动力转移。如英国用了约40～100年的时间保持工业快速增长，使人均GDP由200～500美元增加到1 000～2 000美元，而农村劳动力占社会总劳动力的比重也由50%～60%下降至15%～25%的水平。换言之，工业化速度有多快，规模有多大，农村劳动力转移的速度就有多快，规模就有多大。基于此，中国要实现农村劳动力的大规模转移，首要问题仍然是实现工业化的规模化，这是中国推动农村劳动力转移过程中应确立的主思路。

另外，第三产业是实现农村劳动力转移的补充。英国农村劳动力转移的经验表明，在工业发展的早期阶段，主要是工业吸收农村剩余劳动力，而在工业发展的后阶段主要靠第三产业吸收农村剩余劳动力。总体而言，只有工业化，工业和第三产业大发展，才能为农村剩余劳动力提供较多的就业机会。而我国自改革开放以来，工业化的加速发展，使得知识密集型产业对劳动力的质量要求越来越高，数量需求相对减少。考虑到我国农村人口和劳动力较多以及劳动力素质的情况，第三产业已经越来越成为吸纳劳动力的主要产业。

总之，中国在选择农村劳动力转移战略模式时应考虑以下几个方面：

其一，要结合我国农村劳动力资源丰富而素质相对较低的实际，在重视产业转型升级、促进资本和技术密集型产业发展的同时，注重发展有一定技术含量和比较优势的劳动密集型产业以及多种类型的第三产业，以充分发挥其较强的吸纳就业的作用。

其二，总结发达国家的转移经验，可知它们大多是在经济发展的后期阶段，主要靠第三产业吸纳农村剩余劳动力就业。因此，在企业组织形式上，应注重推动中小企业的发展，这类企业投入不大且经营管理灵活，数量众多的中小企业能在吸收农村剩余劳动力转移中发挥主力军作用。

第三节　日本农村劳动力转移模式

一、转移模式介绍

在众多发达国家的劳动力转移案例中，日本农村劳动力的转移方式既是独特的，也是极具开创性的，值得我们学习和借鉴。从日本历史可知，日本农村劳动力的转移模式是跳跃转移型的，同时也是后起发达国家劳动力转移的典型模式。

根据"配第－克拉克定理"可知，受更高收入水平所吸引，劳动力一般是按第一产业向第二产业、第三产业的顺序转移的。但特殊情况下，也存在劳动力从第一产业直接转移到第三产业的情况。因而，从转移的产业顺序，可分为两种劳动力转移模式：一种是梯度转移模式，指劳动力从第一产业向第二产业、第三产业进行递进式转移；另一种是跳跃转移模式，指在劳动力转移时，与第二产业相比，劳动力较多地流入第三产业的模式。

二、转移历程回顾

回顾日本农村劳动力转移的演进史可知，日本农村劳动力转移从19世纪末开始到20世纪末基本完成，花费近1个世纪的时间，其转移速度在发达国家中算是最快的。而日本的速度之所以如此快，归根究底，还是源于第二次世界大战后。日本为复苏战后经济，大力发展第三产业，并创造了大量就业岗位，吸引农村劳动力大规模流入，具体可分为3个阶段：

（一）劳动力转移启动阶段（1880～1910年）

第一阶段从19世纪末到20世纪初，日本既完成了工业革命，又开启了日本农村劳动力的转移。由于日本地少人多，使得农村地区一直存在着大量剩余劳动力，而工业革命的兴起正好吸引了一部分农业劳动力转移到工业部门。工业革命初期，一方面，工业部门吸纳劳动力的能力较强，另一方面，农村劳动力的素质符合重工业对劳动力的基本要求。基于此，日本政府鼓励优先发展重工业，加快促进更多劳动力向城市工业部门转移。工业革命结束后，城市劳动力占全国劳动力的比例由22%上升至50%。

（二）劳动力转移相对停滞阶段（1910～1960年）

第二阶段是劳动力转移的停滞阶段，该时期的日本向多个国家发起战争，许多农村劳动力应征入伍。而第二次世界大战也使得日本经济发展减速，工业部门对农村劳动力的吸纳能力减弱，劳动力转移相对停滞。第二次世界大战后初期，许多复员军人和海外撤离人员重新回到农村，成为新增农业人口，致使农村人口急剧膨胀。为了解决农村劳动力富余问题，日本政府把政策重点从发展工业转向农村建设，开发农产品生产的前后环节，延伸农业产业链，以此消化大量新增农业人口，为日本经济发展奠定了良好基础，并且使得农村劳动力的就业问题得到解决。

（三）劳动力快速转移阶段（1960年至今）

第三阶段属于劳动力转移的高潮期。随着第二次世界大战后经济的复苏和农业的发展，日本经济进入高速增长时期，农村劳动力转移达到了高峰期。在这一阶段，机械工业增长了5倍，钢铁工业增长了3.2倍，工业的迅速发展为农村劳动力创造了大量的就业岗位，吸引更多的农村劳动力快速转移到工业部门，带动了农村劳动力向城镇的快速转移。20世纪60年代起，日本政府开始重点扶持规模较大的自立经营农户，鼓励小农户向非农产业转移。日本政府出台了《农业基本法》，规定10年内将农户总数的60%转移到非农领域。

据世界银行统计数据，1993年，日本第一产业就业比重是6.4%，第三产业就业比重是59%。而2007年，第一产业就业比重继续降低至4.2%，第三产业就业比重高达66.7%，可见"二战"后日本农业劳动力转移速度之快。

总之，相较于美国与英国的劳动力转移，日本的农村劳动力转移速度是最好的，并且在日本政府的有效干预下，日本的农村劳动转移探索出了一条"跳跃式转移"与"农村非农化转移"相结合的新颖道路。

三、转移模式的特点

从日本的劳动力转移的演进历程，可发现以下几个特点：

（一）"跳跃式"转移

一方面，日本人口众多，其第二次世界大战前的农村与我国有很多相同之处，如农业劳动力比重较高。但第二次世界大战后的日本经济快速恢复，农业机械化水平不断提高，农业就业人口比重下降，从第一产业流出的劳动力转移到第二、第三产业。虽然与大多数欧美国家一样，日本农村劳动力主要转移到大城市，但第二次世界大战后日本短时间内完成了欧美发达国家需要百年左右才能完成的劳动力转移任务，并且仍有自己的独特之处。

另一方面，日本第二次世界大战后农业劳动力转移经验表明，在工业革命的后期，劳动力主要转移到第三产业，且第三产业的就业比重甚至高于第二产业。20世纪后半叶，第三产业的就业比重增加高达40%，而第二产业仅增加8.3%。

而从上述两种模式看，日本农业劳动力的转移具有跳跃式的特征。

（二）"非农化"转移

日本的非农化转移是指农业劳动力逐步脱离农业后在非农产业就业的现象。劳动力由原来在农业产业就业转移到在非农产业就业，即产业从业性质发生了变化。1971年，日本出台了《农村地区企业导入促进法》，鼓励农业劳动力向非农产业转移。受此影响，流入农村非农产业的劳动力比重迅速攀升，如农村非农产业的就业人数占非农产业就业人数的比重，从20世纪60年代的59.9%上升至20世纪70年代的70.8%。

（三）农村劳动力"兼业化"

一方面，第二次世界大战后，日本政府加大了对农业的投资，大力推广农业机械化。农业机械化的普及不仅使农业生产的劳动强度减轻，还提高了农业劳动生产率，降低了对劳动力的需求。

另一方面，日本积极发展农业社会化服务体系，为农民提供田间管理服务、农业技术指导、农产品销售与储藏、各种保险等服务，减少了农民在农业生产上的时间和精力投入，进一步将农村劳动力从农业生产中剥离出来。

总之，与欧美发达国家相比，日本人多地少，土地集中程度低，土地转移速度慢。所以，日本劳动力主要是通过"兼业"的方式实现由农业向非农业部门转移，如1955年，兼业农户占农户总数的比重为65%，到1985年，该比重升至86%。

（四）完善的农业和农村社会化服务体系

1947年，日本政府制定并颁布了《农业协同组合法》，此后，农业协同组合（以下简称"农协"）在日本的农业生产中发挥着重要作用。从级数看，日本农协分为三级，分别是基层农协、县级联合会和全国联合会；从功能看，分为综合农协和专业农协。而农协的业务逐渐深入到农村社会经济生活的各方面，如贷款和储蓄、基础设施建设和管理、农产品的加工、贮藏和贩卖、农业技术的推广、农村医疗卫生事业等，囊括了农业生产的产前、产中、产后各个环节，为转移的农村劳动力解决了后顾之忧，也为更多的农村劳动力转移到非农部门创造了条件。

四、启示

尽管日本地少人多，资源匮乏，但政府充分认识本国国情，发挥战略、政策和法律的优势，成功地推动农村劳动力转移，并为其他国家提供借鉴。

（一）大力发展职业教育

日本农村劳动力转移的成功，在很大程度上取决于较高的国民素质。自明治维新以来，日本政府非常重视提高国民素质，特别是第二次世界大战后，对教育投入不断加大。如1965～1973年，日本公共教育投资年平均增长17.6%，远高于同期经济增长率，人力资本投资的加大意味着劳动力素质的提高。另外，政府还制定职业训练制度，加强职业教育培训，农村劳动力和城市劳动力几乎不存在素质差异，使其向非农产业转移时具有很强的适应能力，利于农村劳动力的转移。

反观中国，一方面，由于长期以来对农村教育和培训没有给予足够的重视，人力资本投资严重不足，导致中国农村教育总体落后，农村人口素质普遍偏低；另一方面，现代许多非农部门对劳动力提出了相对较高的要求，大量的农村富余劳动力要从农业部门转移到非农部门就业，必须具备与非农产业部门相适应的文化水平和职业素质。

因此，现阶段我国可以借鉴发达国家重视教育和培训的理念及做法，采取措施加大对农村人力资本投资的力度，提高农村人力资本存量，只有提高农村人口的素质，才能实现真正意义上的农村劳动力转移。

（二）注重发展劳动密集型产业

借鉴日本的发展经验，即注重发展劳动密集型工业，为农村剩余劳动力顺利转移创造条件。日本在第二次世界大战前的早期发展中，十分重视节约资本，充分利用劳动力丰富的优势，发展劳动密集型工业，不断吸收了大量的劳动力，为日本农村剩余劳动力转移的成功奠定基础。

而第三产业是劳动密集型产业，它是转移农村剩余劳动力的一个重要领域。针对乡镇民营企业地区布局较为分散，无法发挥非农产业的集聚效应的情况，基于此，我国必须贯彻合理布局、相对集中的原则，推动乡镇民营企业的连片发展、加工业的适当集中，从而推动第三产业的发展，进而为农村剩余劳动力提供大量的就业机会。

（三）拓展农村劳动力转移的渠道

中国存在大量分散农户的情况，与日本的情况极为相似。而问题的根源往往是不愿意离开家乡和土地，又或者是一些在城市就业的劳动者退休后，也会再回到农村。因此，在改造农村的过程中，可结合现实情况，考虑建立农村社会化服务体系，在农村引入城市化生活方式，一方面既可以提高农村居民的生活质量，另一方面也可以在农村提供更多的就业岗位，实现农民"兼业化"。

另外，借鉴日本农村劳动力转移的经验，我国也可以拓展更多的劳动力转移渠道：一是发达地区的就地转移，如长江三角洲和珠江三角洲地区，可通过农村城市化的方式使农村劳动力就地转移，完全脱离与农业的经济联系，成为真正意义上的城市居民；二是发展农村社会服务业，使一部分农民脱离传统农业。

（四）政府是农村劳动力转移的助推器

实际上，单靠市场的力量很难有效地推动农村劳动力的转移。政府必须利用手中的工具，采取相关的措施，鼓励农村劳动力转移，并为这种转移创造必要的条件。日本政府针对本国人多地少、资源短缺的特点，对农村剩余劳动力转移进行了有效干预。20 世纪 60 年代，日本政府重点扶持规模较大的自立经营户，鼓励小农户脱离农业，转向非农产业。为了复苏本国经济，日本政府在 1961～1970 年实行"国民收入倍增计划"，该计划包括动员劳动力转移，从第一产业剥离就业人员，弥补了第二三产业的劳动力缺口。日本政府在 1961 年出台了《农业基本法》，计划将农村中的大部分农户向非农产业转移，向农户提供长期低息贷款，促进了农业现代化。1971 年，日本通过了一项法案，要求在政府指导下，促进工业和农业、城市和农村协调发展，并制定了一项国家和地区相结合的指导性的发展计划，截至 1975 年 8 月，全国有 813 个城镇实施了这项计划。1950 年，日本农业劳动力占社会劳动力总数的 47%，以后逐次下降，1960 年是 32.9%，1971 年是 19.7%，1977 年是 13.2%。由此可知，日本政府在农村剩余劳动力转移过程中扮演着极其重要的角色。因为国家的政策和宏观调控措施是农业向纵深发展和吸纳农村剩余劳动力的必要保证。

基于此，为了使农村经济长远发展下去，我国政府职能应集中于加强社会管理职能、提供公共产品和政府直接干预等方面，如制定强制性标准并监督执行、信息服务、灾害救济、技术推广、环境保护、价格支持，转移支付等。

（五）社会化服务是劳动力转移的重要保障

日本农协为农民提供了完善社会化服务，该成功经验对我国农业和农村的社会化服务体系建设具有启发意义。改革开放以来，家庭联产承包制的实施提高了农民生产积极性，但使得一家一户的个体生产模式成为我国农业生产的主要形式，农业和农村的社会化服务相对不足。

因而，借鉴日本经验，结合我国农村的实际情况，可考虑做到：

（1）大力发展综合性的农村合作组织，为农业生产提供产前到产后的全面支持，如生产资料的统一购买和使用、对农民的技术指导、农产品的统一销售等；

（2）在生活方面，完善农村服务机构，为农民生活提供便利服务；

（3）在完善社会化服务体系建设中，政府应适度参与，为相关组织机构提供法律、政策等支持，营造良好的外部环境。

第四节 小 结

纵观世界各国劳动力的转移历史可知，伴随第三次工业革命的完成，世界上发达国家基本已完成了农村劳动力转移的历程，而且各个国家相关转移经验非常值得探究与深思。

本章以美国农村劳动力转移、英国农村劳动力转移以及日本农村劳动力转移为例，深入探究了农村劳动力转移模式特征，分别对美国自由转移模式、英国强制性转移模式及日本跳跃转移模式进行了分析，总结出各国劳动力转移的特点，并从中获得农村劳动转移的启示，以便于为我国进一步推进农村劳动转移提供经验。

第七章

中国农村劳动力暂时性转移理论与实证分析

农村劳动力转移不是一蹴而就的，暂时性转移在短期内仍然是中国农村劳动力转移的重要模式。改革开放至今，中国人口城镇化水平快速提升，城镇人口占总人口的比例由 1978 年的 17.92% 上升至 2019 年的 60.60%，但农村仍然保有大量的剩余劳动人口，通过在城镇短暂就业获取收入，而后返回乡村生活，呈现出暂时性转移模式的基本特征。本章围绕如何有序推进农村劳动力的暂时性转移问题，以"推拉理论"为分析基础，通过构建向量自回归模型（VAR 模型），对农村劳动力暂时性转移的动因及制约因素进行研究，认为在新型城镇化背景下，城乡收入差距对农村劳动力暂时性转移的驱动作用更为显著；存在转移成本、融入难度等制约影响，但受教育程度低与农业技术进步慢是农村劳动力选择暂时性转移的影响并不明显。

第一节 问题提出

农村劳动力转移问题始终是中国经济问题探索的一大热点，一般而言，城镇化预示着劳动人口从农村向城镇的转移。在中国城镇化进程中，出于对户籍约束与福利保障缺乏应对的一种理性选择，部分农村劳动力进入城市就业但不久就回归农村（蔡昉，2004），这种在城镇短暂就业而主要生活在农村的劳动力转移模式即为农村劳动力暂时性转移。这一转移模式为中国经济增长提供了大量劳动力，对中国经济的持续增长至关重要。

一、暂时性转移内涵外延

根据现有研究文献分析可知，农村劳动力暂时性转移又称流动性转移（程名望，2014），还存在诸如流动性迁移（Brauw et al., 2002）、候鸟式迁移（蔡昉，2004）等类似概念。总体来看，这些概念的含义与本书所述暂时性转移基本一致。从人口迁移的社会现实维度看，与农村劳动力暂时性转移相伴而生的一个概念是农民工，该词最早出现在 1984 年中国社会科学院的《社会学通讯》中，又简称民工，泛指到城镇打工的农民，某种意义上来讲，农民工可视为农村劳动力暂时性转移的身份或角色表述。

如同农村劳动力暂时性转移一样，迄今为止学术界对农民工的概念界定并没有公认的说法，中国农民工问题研究课题组（2006）将其界定为户籍身份在农村，进城务工和在当地或异地从事非农产业的依靠工资收入生活的劳动者。他们认为，广义的农民工包括在区域内第二三产业就业人员和跨地区外出务工人员。狭义的农民工通常指跨地区外出务工的农民。詹玲（2008）认为，农民工特指改革开放后，户籍身份还是农民、有承包土地，但主要从事非农产业、以工资为主要收入来源的人员。

从以上有关农民工相关概念界定及内涵分析可知，农村劳动力暂时性转移具有三大基本特征：一是农民户籍身份的特定性，即暂时性转移的农村劳动力一定拥有农村户籍；二是进入城镇从事非农产业，依靠工资收入生活，但不排除拥有部分务农收入；三是这部分劳动人群不会长期生活在城镇，会间歇性返回农村生活，他们出于自身利益最大化考虑拒绝购买城镇养老保险。显然，以上特征构成了农村劳动力暂时性转移的内涵与外延。根据国家统计局公布的《2019 年农民工监测调查报告》，2019 年，我国农民工总量达 29 077 万人，事实上这种转移模式在东南亚和非洲的很多发展中国家普遍存在（Hugo, 1998），并非中国所独有，而且短期内中国农村劳动力暂时性转移依然是农村劳动力转移的一种重要模式。随着国家新型城镇化建设的推进，这种转移模式仍然是学者们的反思与关注的重点。

二、研究争论与问题提出

中国从一个农业大国向工业化国家转型，农村人口红利是工业化发展的核心力量，基于此，学术界对中国农村劳动力暂时性转移的研究始终没有停止过，关于农村劳动力暂时性转移的驱动因素及影响的研究成果更是汗牛充栋，为本章的撰写提供了理论基础。王毅杰（2005）认为，受教育程度低是导致农村劳动力选择暂时性转移的主要原因；秦华等（2009）认为，城乡居民的收入差距水平是农村劳动力向城市转移的根本原因，但并未特指暂时性转移；张学英（2011A）认为，暂时性转移的成因是中国工业化的快速推进引发了对低端非熟练工人的超常规需求。[①] 以上研究成果更多的是基于现实数据的理论分析，缺少实证检验支撑。

林赛（2011）指出，农村劳动力暂时性转移是劳动力在城镇的经济收入、与迁入地社会文化融合、家人分离成本等多种推拉因素作用下形成的；程名望（2014）采用主成分分析和计量分析方法，研究了农民工流动性转移和永久性转移的影响因素及差异，认为生活状况、工作本身和精神生活是影响农民工流动性转移意愿的三大核心因素。然而，偏重于实证检验的研究成果存在一个明显不足，其研究方向更多地聚焦于劳动力转移的驱动因素，而忽略了劳动力暂时性转移的制约因素。显然，这与中国社会现实存在一定的出入。因为在中国农村劳动力转移的实践中，转移个体的实践意愿本身并不能左右转移，反而更多地受制于自身素质、制度等限制性因素。那么，为了更好地贴近社会现实，在农村劳动力暂时性转移分析中引入制约因素显得非常有必要。正是基于这一研究思路，本章论著借鉴程名望（2014）的主成分分析结论，参照王方等（2016）利用人口城镇化对经济增长作用的建模思路，在城乡收入差距、通货膨胀、受教育程度及农业技术进步与农村劳动力暂时性转移之间构建 VAR 模型，对农村劳动力暂时性转移的驱动因素与制约因素相关影响进行对比分析。

在此基础上，本章考察了不同驱动因素与制约因素单独作用下对农村劳动力暂时性转移的动态影响。首先考察的是，以收入差距为代表的人口转移驱动因素对农村劳动力暂时性转移的动态效应。鉴于以往研究更多的是从劳动力转移的驱动因素方面进行，本章同步特别考察了受教育程度等制约性因素对农村劳动力暂时性转移的动态效应。本书研究认为：在迁出地推力和迁入地拉力共同作用下，驱动因素与制约因素相互作用、相互转化，共同推动了农村劳动力的暂时性转移。在新型城镇化背景下，城乡收入差距对农村劳动力暂时性转移的驱动作用更为显著；存在生活状况、户籍等制约影响，而收入差距则是农村劳动力暂时性转移向半永久性转移的制约因素。换言之，城乡收入差距与加大

---

① 许多学者（洪小良，2007；孙正林等，2005）对相关问题进行了研究，限于篇幅以及避免赘述，此处不再进行详细列举。

农村教育投入一样，是推动农村劳动力暂时性转移的有效驱动。

与以往研究相比，本章进行了如下创新：

（1）从特征描述的角度更加清晰地界定了农村劳动力的暂时性转移模式；

（2）考察了驱动因素与制约因素对农村劳动力暂时性转移的双向影响；

（3）针对农村劳动力暂时性转移构建了 VAR 模型，对不同因素进行了更为深入的显著性分析。

第二节　理论分析

根据"推拉理论"可知，劳动力转移一定是基于迁出地推力与迁入地拉力的共同作用，农村劳动力的暂时性转移也不例外。之所以选择转移，除去农村劳动力对城镇生活的向往、追求以及自身条件等内部因素外，背后必然存在城乡之间的经济或政治等外在驱动因素，而这些因素又与农村劳动力转移互为因果，最终构成了其暂时性转移的驱动与制约条件。

一、暂时性转移的影响因素分析

中华民族是一个安土重迁的民族，通常讲，非生活压力所迫，许多人不愿意背井离乡外出谋生。显然，这一生活传统与中国当前推行的新型城镇化建设战略是相悖的。然而随着中国经济的持续增长，城镇化建设已经被提升至国家战略层面，势在必行。那么，通过对农村劳动力暂时性转移背后的机理进行研究，找准农村劳动力暂时性转移的最终影响因素，已然成为推动国家新型城镇化战略实施的关键。基于"推拉理论"关于迁出地推力和迁入地拉力的理论分析基础，借鉴已有研究成果，本章认为，农村劳动力暂时性转移存在驱动与制约两个方面的影响因素。

（一）驱动因素分析

根据已有文献可知，中国农村劳动力暂时性转移的驱动因素主要表现为"推拉"因素，即农村的推力因素与城镇的拉力因素。程名望（2014）采用主成分分析法对与农民工转移意愿相关的 52 项测量值进行分析，认为子女教育、生活状况、制度与政策、工作本身、收入与消费、城市融入、精神生活 7 个因素是农村劳动力暂时性转移的关键影响因素。可见,农村劳动力暂时性转移的驱动因素非常之多,而且不同"推拉"因素之间存在互相转化的可能,为简化分析,本章仅选择城乡收入差距与通货膨胀两个驱动因素进行研究,不再进行主成分分析筛选相关因素,具体选择原因如下文理论所述。

1. 城乡收入差距

对于安土重迁的中华民族而言,人口转移的关键驱动力主要为生活所迫,这一观点与丁守海(2006)的观点如出一辙。为不失一般性,通常来讲,居民的实际收入水平对生活水平影响最大,农村劳动力出于对更高水平生活的向往与追求,在城乡之间存在一定的收入差距时,会选择离开耕地到城镇就业,以享受更高的生活水平。显然,城乡收入差距对农村劳动力转移存在正反两个方向影响,即城乡收入差距大时,农村劳动力会选择到城镇就业,反之,则选择留在农村继续务农,同时,如果持续扩大时农村劳动力会选择长期居住在城镇。中国社会人口转移的现实数据如表7-1所示。

表7-1   中国农村劳动力转移与城乡收入差距

项目	2011年	2012年	2013年	2014年	2015年	2016年	2017年	2018年
收入差距(元)	14 033	15 737.4	17 037.41	18 354.97	19 773.12	21 252.84	22 963.76	24 634
农民工数量(万人)	25 278	26 261	26 894	27 395	27 747	28 171	28 652	28 836

注:城乡收入差距数据来源于《中国统计年鉴》(2012~2019),由城镇居民人均收入与农村居民人均收入计算所得。

2. 通货膨胀

一般来看,社会通货膨胀以及物价的上涨本身并不会对农村劳动力转移产生影响,但正如黄容(2014)在《农村劳动力流动对农村居民消费的影响研究》一文中的表述:通货膨胀导致物价上涨,劳动力则更倾向于向城镇流动,这种间接影响已经不容忽视,且是客观存在的。从理论层面看,通货膨胀对农村劳动力转移驱动影响主要表现在两个方面:首先,如果农产品与工业品的通货膨胀存在差异即农产品价格上涨速度慢于工业品时,通货膨胀将会以城乡收入差距的形式对暂时性转移产生影响。其次,城镇和乡村与金融业衔接能力存在的巨大差异,导致农村及农业很难接触到新增货币及信贷信用,由货币增发导致的温和型通货膨胀必然导致乡村劳动者收入受损。基于以上分析,本书认为,通货膨胀是导致农村劳动力转移的一个重要的经济因素。

（二）制约因素分析

与驱动因素不同的是，制约因素更多地呈现于体制或政策层面。显然，改革开放至今，对于农村劳动力进城务工的限制已完全取消，那么，具体是哪些因素影响了农村劳动力到城镇短期务工呢？Hugo（1982，1998）认为，迁入地的低收入及相对高昂的生活成本是农村劳动力暂时性转移的主要制约因素。孙正林等（2005）认为，农村教育是制约农村剩余劳动力转移的深层次体制性制约因素，遗憾的是，相关研究并未对农村教育这一制约因素针对暂时性转移进行剖析。借鉴已有研究文献的思路，对农村劳动力暂时性转移限制与制约进行分析，不难发现制约因素非常之多，诸如城镇生活成本、城镇就业的融入、尊严等，但考虑到这类影响因素的深层次原因，很容易发现农村劳动力到城镇短暂就业的最大障碍是由于教育及技能不够而导致的城镇就业层次过低，与此同时，农村依然为其提供了就业的空间，即农业依然可以吸收大量的剩余劳动力。同样，出于量化检验及简化分析的需要，本章仅选择受教育程度与农业技术进步两个影响因素进行分析。

1. 受教育程度

农村劳动力受教育程度直接关系到该群体在城镇就业的层次，关系到他们获取收入的能力，因受教育程度过低而导致其在城镇无法获得相对满意的收入时，农村劳动力会选择继续务农。显然，这一影响因素最终通过收入的形式对暂时性转移的意愿产生影响，而且受教育程度在农村劳动力转移过程中，通常不是一个自愿的结果，而取决于国家的教育资源配置，正如孙正林等（2005）认为，受教育程度低是暂时性转移体制性制约因素。本章假设随着农村劳动力受教育程度不断提升，暂时性转移会逐渐下降。

2. 农业技术进步

农村劳动力转移的核心人群是农业剩余劳动力，其伴随农业技术进步而产生。理论上讲，存在农业生产技术进步的情况下，人均农业生产水平提升，单位耕地需要投入的劳动力减少，一部分参与农业生产的劳动力会解放出来，具备从农村流向城镇的基础。相反，如果农业技术进步缓慢，则农业本身需要吸纳大量的劳动力，暂时性转移的基础就会消失。改革开放以来，中国的农业技术进步贡献率一直较为可观。如表 7-2 所示，根据本书测算可知，除部分年份不稳定外，农业技术进步基本维持在较高的水平。

表 7-2   2011~2017 年中国农业技术贡献率

项目	2011 年	2012 年	2013 年	2014 年	2015 年	2016 年	2017 年
农业技术进步贡献率	77.78	70.23	31.88	63.48	57.25	72.09	91.10

注：基础数据来源于《中国统计年鉴》（2011~2018），采用增长速度测算方程法进行测算，投资弹性系数为 0.307，劳动力弹性系数为 0.096，耕地面积弹性系数为 0.597（胡凯，2013）。

然而，与制造业及服务产业相比，农业技术进步贡献率依然不足，其并不具有相对优势，尤其是近年来农业技术进步贡献率并不稳定，一定程度上对农村劳动力转移形成了负面影响，其实际影响有待检验。

二、暂时性转移影响及问题分析

（一）暂时性转移影响

农村劳动力暂时到城镇务工，农忙时返回农村从事农业劳动，一方面提高了农村剩余劳动力的收入，另一方面为社会发展提供了必要劳动力基础。降低了中国制造产品的价格，改善国际贸易条件，提升国际竞争力。

首先，根据前文农村剩余劳动力暂时性转移驱动因素分析可知，农村劳动力暂时性转移主要受收入差距影响，农村劳动力暂时到城镇务工可以提高劳动收入，必然会提升其消费能力，而且低收入群体的边际消费倾向通常较高，换句话说，农村劳动力的暂时性转移对消费的拉动更加明显。社会总消费增加，从而拉动社会经济增长。

其次，农村劳动力到城镇务工，为城镇化发展提供了基础劳动力，创造了一定的社会产值，增加了社会的制造能力（即产能）。

最后，暂时性转移解决了很多隐匿的"三农"问题，缓和了社会基层人民内部矛盾，有利于社会和谐发展。同时，通过短暂到城镇就业，让农村剩余劳动力可以接触到城镇化生活，带动暂时性转移向半永久性转移演变，提高了中国社会的城镇化水平。

因此，本书认为农村劳动力的暂时性转移有利于推动经济增长与社会发展。类似的观点也出现在相关学者的研究中，贾晓华（2007）认为，农村劳动力暂时性转移能促进农民增加收入、扩大内需和刺激整个国民经济的发展、填补城市一些低端的岗位空缺进而降低用工成本；认为农村劳动力转移对于促进地区经济增长具有重要作用。这一观点也得到了刘显升（2016）的认同。

（二）暂时性转移面临的问题

如前所述，农村劳动力的暂时性转移有利于社会经济增长，因此，也受到各级政府的鼓励，尤其是人口资源过剩的省份。然而，由于暂时性到城镇就业的农村剩余劳动力学历层次普遍较低，这部分人群在城镇从事的是最基础的生产性或服务性工作，其仅享有最基本的生存权利，除少数较为开放的城市外，暂时性转移群体连基本的尊重都得不到。个人尊严的情感驱使，长期以来一直是人口暂时性转移面临的主要问题，但这一问题却很难进行量化研究。同时，根据我国现有的社会保障体系，暂时性转移群体基本被排除在保障之外，薪资拖欠问题也一直困扰着他们，直到 2010 年后才逐步得到改善。因此，暂时性转移劳动群体对城镇的认同感一直不高，除非外力驱使，转移的意愿在不断地下降。

基于以上分析，本书认为中国农村劳动力暂时性转移面临两大核心问题：①农村劳动力暂时在城镇就业的权力保障问题；②农村劳动力暂时性转移意愿的持续下降问题。围绕以上两大问题的解决，通过市场化的手段，增强农村劳动力转移的意愿，提升其转移能力，成为推动国家新型城镇化战略实施的关键。

三、相关结论及推论

本节借鉴已有关于农村劳动力暂时性转移影响因素分析的研究成果，建立了一个转移、影响及问题的农村劳动力暂时性转移理论分析框架，对中国农村劳动力暂时性转移的驱动与制约因素进行研究，初步形成以下理论分析结论：

引理 7-1：在新型城镇化背景下，中国农村劳动力暂时性转移主要受经济因素驱动，城乡收入差距是农村劳动力暂时性转移的直接动力；同时，随着农村劳动力转移的持续推进，暂时性转移数量具有逐渐减少的趋势。

作为中国农村劳动力的主要转移模式之一，暂时性转移受城乡收入差距、通货膨胀等驱动因素影响，形成了转移的意愿基础。然而现实中，农村劳动力暂时性转移数量则呈现出下降趋势，一方面是由于城乡收入差距持续扩大会引起农村劳动力的半永久性转移或永久性转移，暂时性转移的绝对数量会降低；另一方面由于农村劳动力自身数量的不断下降，也会带来暂时性转移群体绝对数量的下降。

引理 7-2：在新型城镇化背景下，中国农村劳动力暂时性转移主要受劳动者的受教育程度制约，低教育水平的劳动者构成了暂时性转移的主力，同时制约着农村劳动力转移的推进。

中国农村劳动力的暂时性转移受转移主体的文化程度低与农业技术进步慢制约，使得部分农村劳动力固化在农村土地上，转移意愿不断降低。

为便于实证分析，本章析出以下可以数量检验的推论：

推论 7-1：在两大驱动因素与两大制约因素中，城乡收入差距对农村劳动力暂时性转移的影响最大，即脉冲响应强度要大于其他因素，方差分解影响也同样大于其他因素。

第三节 基于 VAR 模型的实证检验

为验证前述引理及结论，本节在影响农村劳动力暂时性转移相关因素与农村劳动力暂时性转移数量之间构建 VAR 模型，利用劳动力转移的现实数据分析相关驱动因素的脉冲响应与方差贡献的显著性，进而形成对暂时性转移影响因素的定量研究结论，对第二节理论分析进行回应。

一、模型设置与数据选择

（一）模型设置

由于农村劳动力暂时性转移受多种因素的影响（如制度限制、城乡收入差距、通货膨胀、农民受教育程度与农业技术进步等），为避免其他因素与劳动力暂时性转移之间相关关系影响研究结论，本书对相关因素影响逐一进行分析，将相关影响因素视为自变量，劳动力暂时性转移视为因变量；学术界关于相关因素（自变量）对暂时性转移（因变量）产生影响的常见分析方式很多，本书选择脉冲响应和方差分解即向量自回归计量分析方法对中国新型城镇化背景下城乡收入差距、通货膨胀率、农村人口受教育程度及农业技术进步与农村劳动力暂时性转移之间的关系进行分析。简言之，在城乡收入差距、通货膨胀率、农村人口受教育程度及农业技术进步与农村劳动力暂时性转移之间构建 VAR 模型。

（二）指标选择与数据处理

为了更好地体现相关驱动因素在中国农村劳动力暂时性转移过程中的作

用，本章借鉴王方等（2016）的研究思路，对城乡收入差距、通货膨胀率、农村人口受教育程度及农业技术进步四个重要指标进行了分析与数据整理，建立反映农村劳动力暂时性转移的驱动与制约指标研究体系。其中，城乡收入差距（Urban-rural Income Gap，IG）指城镇人均收入与农村人均收入的差距；通货膨胀率（Inflation Rate，IR）指中国农村居民年度通货膨胀率，通常以农村居民消费价格指数来表示，本书用农村居民消费价格指数进行换算；受教育程度（Educational level，EL）用初中以下文化程度农业人口占总农业人口的比重表示；农业技术进步（Agricultural Technology Progress，ATP）指农业技术贡献率，运用增长速度测算方程法进行计算。同时，以城镇就业但不购买城镇社会保险的劳动者数据（Temporary Population Transfer，TPT）代表农村劳动力暂时转移指标。

本书收集了1988～2017年中国农村劳动力暂时迁移数据、城乡收入差距数据、通货膨胀率、农村人口受教育程度及农业技术进步贡献率等相关指标30年的时间序列数据，跨度较长的时间序列数据可以更好地观察相关因素对农村劳动力暂时性转移的长期影响，又可以针对性地分析新型城镇化背景下中国农村劳动力的暂时性转移及相关问题。其中，农业技术进步贡献率采用国家统计局技术推广的进步贡献率测算方法，其基于C-D生产函数。同时，引用胡凯（2013）计算的投资弹性系数、劳动力弹性系数与耕地面积弹性系数，对贡献率数值进行计算。

对各指标数据进行自然对数处理，以消除异方差性存在的可能，因此，暂时性转移、城乡收入差距、通货膨胀率、受教育程度和农业技术进步分别以LNTPT、LNIG、LNIR、LNEL和LNATP表示。数据来源于历年《中国统计年鉴》和《农民工调查检测报告》，计量工具为软件Eviews9.2。

二、数据分析与格兰杰（Granger）因果检验

（一）数据分析

首先，本书利用相关分析法计算影响因素与农村劳动力暂时性转移之间的相关系数，得出城乡收入差距、通货膨胀率、受教育程度、农业技术进步和农村劳动力暂时性转移之间的相关系数分别为78.00、75.71、-91.1和10.04，说明中国改革开放之后，城乡收入差距、通货膨胀与农村劳动力暂时性转移的相关性较强，且呈现出正相关性；受教育程度与农村劳动力暂时性转移存在负相

关性，且相关程度较高；农业技术进步与农村劳动力暂时性转移仅呈现出正的相关性。为加强分析深度，本书不对相关系数低于 50 的变量进行后续分析，农业技术进步指标与农村劳动力暂时性转移相关性较低可能归因于数据计算的偏差，抑或中国农业技术进步本身的不稳定性，与前文理论分析基本一致。

为避免所建立的 VAR 模型存在伪回归问题，本书采用单位根检验法（ADF 检验）对数据进行平稳性检验。检验结果显示，农村劳动力暂时性转移数量与城乡收入差距是非平稳时间序列数据；经二阶差分处理后，如表 7-3 所示，所有变量都是平稳的，即数据序列均为二阶单整序列。

表 7-3　　　　　　　　　　　　单位根检验结果

变量	类型 (C，T，P)	D.W. 值	单位根值	5% 临界值	结论
农村劳动力暂时性转移	(C，N，0)	1.3692	0.8564	-1.9534	不平稳
城乡收入差距	(C，N，0)	1.5509	2.3291	-1.9534	不平稳
通货膨胀	(C，N，0)	1.0854	1.1707	-1.9534	不平稳
受教育程度	(C，N，0)	1.8643	-2.9189	-1.9529	平稳
农村劳动力暂时性转移	(C，T，1)	1.3689	-4.8316	-2.9719	平稳
城乡收入差距	(C，T，1)	1.5637	-2.9754	-2.9719	平稳
通货膨胀	(C，T，1)	1.9400	-1.8121	-2.9862	不平稳
受教育程度	(C，T，1)	2.0272	-4.6913	-2.9719	平稳
农村劳动力暂时性转移	(C，I，2)	1.9329	-4.8866	-3.6329	平稳
城乡收入差距	(C，I，2)	2.1195	-4.7014	-3.5950	平稳
通货膨胀	(C，I，2)	2.0602	-3.6716	-3.6032	平稳
受教育程度	(C，I，2)	2.6560	-4.0117	-3.6584	平稳

由于变量二阶差分之后都是平稳时间序列，变量之间可能存在协整关系。本书采用约翰森（Johansen）协整检验方法对变量进行检验，结果表明，农村劳动力暂时性转移数量与其他因素指标间存在协整关系，即变量间存在共同的随机性趋势，排除了单位根带来随机性趋势的可能。因此可知，农村劳动力暂时性转移数量与城乡收入差距、通货膨胀之间存在着长期稳定的均衡关系。

（二）格兰杰（Granger）因果检验

农村劳动力暂时性转移与影响因素相关指标之间存在稳定的均衡关系，那么，双方是否存在明确的因果关系？本书采用格兰杰因果检验方法对数据进行检验。检验结果最终选择变量滞后期数为 2 或 3。如表 7-4 所示，在 15% 的显著水平下，暂时性转移与城乡收入差距之间互为格兰杰原因；通货膨胀在滞后 3 期不是暂时性转移的格兰杰原因，暂时性转移是通货膨胀的格兰杰原因；受教育程度不是暂时性转移的格兰杰原因，暂时性转移也不是受教育程度的格兰杰原因。检验结果说明，暂时性转移主要受收入差距驱动，而受教育程度虽然与农村劳动力暂时性转移高度相关，但却不是其主要推动力。

表 7-4 　　　　　　　　　　　　格兰杰因果检验结果

拒绝假设	滞后期数	F 检验统计值	概率	结论
暂时性转移不是城乡收入差距的格兰杰原因 城乡收入差距不是暂时性转移的格兰杰原因	2	4.00858 3.55454	0.0321 0.0452	拒绝 拒绝
暂时性转移不是通货膨胀的格兰杰原因 通货膨胀不是暂时性转移的格兰杰原因	3	4.50603 1.54439	0.0143 0.2340	拒绝 接受
暂时性转移不是受教育程度的格兰杰原因 受教育程度不是暂时性转移的格兰杰原因	2	1.13892 1.21253	0.3376 0.3158	接受 接受

三、脉冲响应与方差分解

根据以上计量分析可知，在新型城镇化建设背景下，城乡收入差距是农村劳动力暂时性转移的格兰杰原因，暂时性转移是通货膨胀的格兰杰原因。那么，城乡收入差距与通货膨胀对农村劳动力暂时性转移具体的影响如何？本书基于 VAR 模型构建脉冲响应函数（Impulse Response Function）$h(t)$，测算当农村劳动力暂时性转移受到随机扰动项（如城乡收入差距相关指标函数 $\delta(t)$）的一个标准差冲击时，对计量周期内农村劳动力暂时性转移产生的动态影响。

如图 7-1 所示，当城乡收入差距产生一个单位冲击时，农村劳动力暂时性转移从第 1 期开始产生冲击影响，脉冲响应在前期较大，后期逐步下降，其冲击作用在第 6 期后快速地下滑，最终趋于消失；当通货膨胀产生一个单位的冲击时，农村劳动力暂时性转移从第 1 期开始产生冲击影响，其冲击作用在第 10 期后快速地下滑，且后续影响作用持续减弱。显然，不论城乡收入差距还是通货膨胀，对农村劳动力暂时性转移均具有一定的冲击作用；而且，城乡收入差距影响较大，但与城乡收入差距相比，通货膨胀的冲击作用具有较强的持续性。

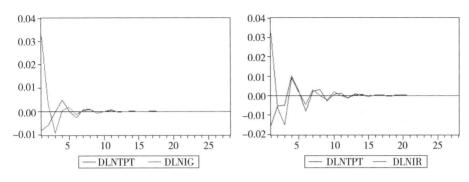

图 7-1　农村劳动力暂时性转移的脉冲响应

同时，为更加直观地表现分析结果，本书利用方差分解（Variance Decomposition）度量城乡收入差距对农村劳动力暂时性转移贡献的显著性，即测度相关变量对计量周期内农村劳动力暂时性转移是否存在显著的影响与贡献。

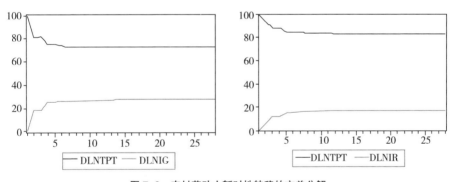

图 7-2　农村劳动力暂时性转移的方差分解

如图 7-2 所示，城乡收入差距对农村劳动力暂时性转移的贡献率在前 1 期表现为快速的正向增加，第 5 期后开始呈现平稳状态，直到观测期结束收入差距的方差贡献率仍然较大（超过 20%）；通货膨胀对农村劳动力暂时性转移的贡献率在前 3 期缓慢增长，第 5 期后保持在一定水平，贡献率低于 20%。显然，与通货膨胀相比，城乡收入差距对农村劳动力暂时性转移的方差贡献率更为显著。

四、分析与结论

基于向量自回归（VAR）模型，通过对中国农村劳动力暂时性转移过程中城乡收入差距、通货膨胀、教育水平及农业技术进步与人口暂时性转移之间关系的计量分析，以脉冲响应与方差分解结果看，城乡收入差距对农村劳动力暂时性转移作用要更为显著，影响也更为剧烈。而通货膨胀对农村劳动力转移的长期贡献显著，影响的持续性较强。

本章采用中国 1988~2017 年经济社会长达 30 年的时间序列数据进行研究，而中国在 2013 年进入新型城镇化建设阶段后，农村劳动力的暂时性转移明显具有下降的趋势。本章研究结论及启示如下：

（1）在新型城镇化建设背景下，中国农村劳动力暂时性转移呈现下降趋势。

（2）以农村劳动力暂时性转移模式分析看，城乡收入差距依然为暂时性转移的主要驱动力，通货膨胀在一定程度上持续推动着农村劳动力的暂时性转移。

（3）受教育程度对农村劳动力的暂时性转移存在负向影响，农业技术进步对农村劳动力的暂时性转移存在正向影响，但相关性不显著，如果改善现有暂时性转移群体的受教育程度，一定程度上可以有效推进暂时性转移。

当然，基于上述研究结论不难发现，与其他政策相比，提升暂时性转移主体至城镇就业的收入与保障水平是驱动农村劳动力到城镇暂时性寻找工作的主要方式。

第四节　小　结

前几年有次回乡，一邻居叔叔在跟我拉家常时提到：最近十年在家里养羊的收入基本没有增长，为了维持一家人的开支，自己农闲的时候就先去外边做工，农忙尤其是接近春节时就回来养羊、贩羊、宰羊来糊口，文化知识水平不高也没有其他办法，这使我联想到通货膨胀、受教育水平与农村劳动力暂时性转移之间应该存在一定的作用机制，而且截止当下暂时性转移群体仍然大量的存在。

事实上，无论转移模式如何演进，农村劳动力暂时性转移都不会消逝，农村劳动力转移完成后，一种基于动态平衡状态的暂时性转移形态仍然存在。本章围绕农村劳动力转移的驱动因素与制约因素进行分析，从中国农村劳动力暂时性转移的概念界定入手，对相关问题研究的争论进行了回顾与分析，构建了转移驱动与制约因素的 VAR 分析模型，并对城乡收入差距、通货膨胀等因素对农村劳动力暂时转移影响进行数量检验。研究认为：

（1）进入新型城镇化建设阶段后，中国依然保留大量的农村劳动人口，由于年龄结构、教育水平及农业技术进步等多种因素制约，他们选择临时到城镇就业，长期在农村生活。但中国农村劳动力暂时性转移模式已然不是农村劳动力转移的主要模式，且暂时性转移人口呈现明显的下降趋势。

（2）城乡收入差距依然为暂时性转移的主要驱动力，通货膨胀在一定程度上推动着农村劳动力的暂时性转移；受教育程度对农村劳动力的暂时性转移存在负向影响，农业技术进步对农村劳动力的暂时性转移存在正向影响，但相关性不显著，改善现有暂时性转移群体的受教育程度，一定程度上可以有效推进暂时性转移。

（3）提升暂时性转移者在城镇的收入水平，鼓励农村劳动者进行暂时性转移，是新型城镇化建设的必然途径，必须认识到，实现暂时性转移到永久性转移的过渡是一个漫长的过程。

第八章

中国农村劳动力半永久性转移理论与实证分析

随着中国新型城镇化建设的推进，越来越多的农村剩余劳动力到城镇就业并长期生活，他们购买了城镇职工的社会保险及养老保险，但出于自身条件限制或者对未来收入不确定性风险的防范，他们不能或不愿意将户籍迁入城镇，同时保留了农村户籍以及附带的耕地承包权，作为自己生存状态恶化时的退路。对这一转移群体的妥善处理与安排，事关中国新型城镇化建设的成败，相关研究则具有一定的理论与实践价值。本章围绕中国农村劳动力转移问题构建了收益最大化决策模型，对中国农村劳动力半永久性转移的关键驱动与制约机理进行理论分析。研究认为，农村劳动力半永久性转移将会是城乡人口转移的主要推进模式，各级政府应该保障农村劳动力半永久性转移群体的合法权益，有效解决制约农村劳动力暂时性转移向半永久性转移过渡的因素；正视和鼓励农村劳动力的半永久性转移，是中国新型城镇化建设面临的重大挑战。

第一节　问题提出

根据"推拉理论"可知，中国农村劳动力迁移是在农村推力和城镇拉力共同作用下推进的，在没有外力干预的情况下，农村劳动力选择到城镇生活，但仍然保留农村户籍，这种半永久性转移模式必然存在一个关于转移主体生命周期收益最大化的均衡，即其留在农村的生命周期收益最大化等于在城镇就业的生命周期收益最大化，均衡时农村劳动力自由选择在城镇或乡村生活。

一、转移模式阐述与分析

现有文献鲜有针对农村劳动力半永久性转移的表述，仅有部分研究成果对这种类似的生活状态进行过表述。程新征（2007）认为，农民工长期生活在城镇，就业于非农产业通过从事第二、第三产业的生产活动获取收入，但从他们的户口性质看，他们仍然属于农村居民，不属于市民。张学英（2011A）认为，中国特有的户籍制度使城市和农村户口各自附带的福利项目和水平存在巨大差异，从而导致农村和城市劳动力市场的严重分割，农村移民难以真正迁入城市并永久定居下来，最终选择保留农村户籍附带的土地福利同时，接受城市次要劳动力市场上的非正规就业。可见，农村劳动力在城镇生活就业，但保留农村户籍这种暂时性转移状态即可视为半永久性转移。与农村劳动力半永久性转移相伴而生的一个概念是"新生代农民工"，根据现有文献（王春光，2001）可知，新生代农民工和老一代农民工在农民工一词诞生不久后衍生而出。

迄今为止，学术界对新生代农民工这一概念没有公认的说法，依据现有文献看，"新生代农民工"最早由王春光（2001）提出，罗霞等（2003）又将其修正为两层含义：一是，年龄在25岁以下，外出务工经商的农村流动人口，与老一代农村流动人口在社会阅历上有着明显的差别；二是，与第二代农村流动人口相区别，因为他们不是老一代农村流动人口在外出过程中出生和长大起来的，而是介于老一代和第二代间过渡性的农村流动人口。韩长赋（2010）在《关于"90后"农民工》一文中指出："20世纪90年代后出生的农民工，当然模糊一点也包含80年代末出生的，可统称为'90后'，他们算是第三代农民工。这一群体从来没有种过地，对土地没有父辈那样的感情，对农村没有父辈那样的依恋，他们进城打工，很大程度上不是基于生存需求，而是要改变自己的生活，把打工作为寻求进城的机遇和途径。简而言之，他们出来打工，根本就不打算再回农村。这批人都念过书，具有初中文化，其中相当一部分还具有高中文化。因为有文化教育，再加上他们是在电视机、手机的伴随下成长起来的一代人，比较了解外部世界，知道城乡之间的巨大差别，城市文明对他们有巨大的吸引力。到城里不管干什么都比在农村好，是他们比较坚定的信念。"此外，"新生代农民工"也首次出现在2010年中央一号文件中，成为了正式的官方概念。从以上关于"新生代农民工"的概念介绍可知，当前的中国社会中，存在这样一个群体，他们具有一定的文化水平，拥有农村户籍但长期在城镇生活就业。显然，"新生代农民工"一定程度上可以视为农村劳动力的半永久性转移的别称。

基于以上的阐释与分析，对农村劳动力的半永久性转移可以归纳出以下特征：一是转移主体具有一定的文化水平，拥有一定的现代工业或服务业的工作技能，基本改变了自己的生活；二是这部分人长期生活就业在城镇，他们没有务农的技能与诉求，对土地没有感情，也没有农业劳动收入；三是他们购买城镇社会保险，但不愿意放弃农村户籍，以便于给自己留一份保障。以上三大特征构成了农村劳动力半永久性转移的内涵与外延，同样构成了本章研究的核心范围及对象。

二、相关研究与问题提出

如前文所述，半永久性转移是农村劳动力向城镇转移的客观存在形式，遗憾的是，这种转移模式却没有引起学术界足够的重视。仅有少数学者对此类问题进行了反思与关注，其核心的研究话题是：①农村劳动力半永久性转移对社会的影响。②半永久性转移存在哪些驱动因素。③为什么农村劳动力选择半永久性转移而不进行永久性转移？

贾晓华（2007）对农村劳动力半永久性转移对我国经济的影响问题进行研究指出，中国农村劳动力的半永久性迁移适应了市场经济要求，目前这种迁移行为只是特殊历史条件下的一种畸形状态，最终仍然要促进农村劳动力实现永久性迁移。张学英（2011b）认为，中国农村移民的半永久性迁移行为的致因是多重的，户籍制度只是强化了这种行为选择，并不是唯一致因。仅从取消户籍制度入手解决半永久性迁移的现实意义不大，并指出，稳定的职业是农民在城市生存的经济基础，能够找到一份稳定而体面的职业并且能够较长时期地保有这份职业，是实现农民迁移到城市并融入城市且最终定居在城市的根本。朱晓霞（2009）认为，中国的农地家庭承包制度在一定程度上提供一种生存保障，假如迁移者无法持续工作，在缺乏养老保险、失业保险等福利的情况下，我国农地家庭承包制度可以为其回到农村提供便利性和生活保障，这也是使得半永久性迁移更具有吸引力或普遍性的原因。

显然，现有研究成果主要从半永久性转移的存在性和驱动因素两个方面进行分析，相关结论一方面缺少基于现实数据的数量检验，另一方面对半永久性转移这一普遍存在的转移模式重视程度不足。为更好地分析中国农村劳动力转移问题，对前文所述研究话题进行回应，本章通过构建基于转移主体生命周期收益最大化模型，对农村劳动力半永久性转移问题进行理论研究，同时，以中国社会现实调查数据对转移主体的转移决策模式进行实证检验。正是沿着这一思路，本章着重考察了农村劳动力半永久性转移的主要驱动因素和制约因素。

与以往研究相比，本章进行了如下创新：

（1）构建基于转移主体生命周期收益最大化理论模型。

（2）依托生命周期收益最大化模型对农村劳动力进行半永久性转移的主要驱动因素进行研究，认为参与城镇社会保障体系是农村劳动力半永久性转移的重要标志，城镇社会保障是农村劳动力选择半永久性转移的动力。

（3）土地资产价值是农村劳动力半永久性转移的乡土情结羁绊，土地财富的合理价值变现可以加速农村劳动力由半永久性转移向永久性转移过渡。

第二节　理论模型分析

本节以动态搜寻模型为基础，建立了基于农村劳动力半永久性转移的收益最大化理论分析模型，对当前中国农村劳动力转移问题进行理论分析。通过一般均衡分析，认为中国农村劳动力的转移存在两个动态平衡状态，即暂时性转移与半永久性转移的无差异状态，半永久性转移与永久性转移的无差异状态，而且未来一段时期内，半永久性转移将成为中国农村劳动力转移的主要模式。本节主要围绕两个均衡状态讨论模型均衡特征及模型求解，第三节进行相关的数量检验。

一、理论模型设置

本书参考程名望（2013）使用的动态搜寻模型，围绕个体生命周期理论构建动态均衡分析模型，模型中考虑一个寿命足够长的农村劳动者，假设其具有风险中性特征且是理性的即追求生命周期收益最大化。为简化分析，假定其务农耕作收入为0，这基本符合中国的经济现实，令其待在农村收入为w，该值大小取决于农村土地及其附属价值，用x表示土地价值的分布，x是以稳态分布函数$F(\ )$描述的非负随机变量，即：$F(w)=p(x \leq w)$；同时，假定时间是连续的，且每一期的长度都是相等的h，则每期的务农实际收入xh。该劳动者待在农村的预期终身收益现值可表示为：

$$A(\mathrm{x})=\sum_{t=0}^{\infty}\beta(h)^t xh=\frac{xh}{1-\beta(h)} \tag{8-1}$$

式中，$\beta(h)$ 为贴现因子，是时间长度 h 的函数 $e^{-\rho h}$，ρ 为折现率。

在该劳动者存活期间至城镇就业赚取收入现值为常数 W，转移至城镇工作生活的迁移成本为 T，令两者均独立于土地价值。那么，该劳动者会选择能给自己带来更大收益的策略，其务农或转移的决策可以通过价值函数 $V(x)$ 决定。

$$V(x)=\max[A(\mathrm{x}),W-T]$$

不存在其他限制条件的情况下，假设农村劳动者进城务工搜寻到可以正式工作（正常购买社会保险）的概率为 λh，当 h 趋于 0 时，找到正式工作的概率服从泊松分布。则务工的预期终身收入现值 $W-T$ 可以表示为如下递归形式：

$$W-T=\beta(h)\{\lambda h E\max[A(x),W-T]+(1-\lambda h)(W-T)\} \tag{8-2}$$

根据中国社会的发展现实来看，本书认为，新型城镇化背景下农村劳动力转移，模型同时面临以下假设条件：

（一）不存在资本积累

农村劳动者转移至城镇工作生活，主要受城镇高收入与优越生活条件吸引；但以就业层次讲，通常其收入仅能满足家庭日常生活资料消费，他们要么将钱寄回农村老家赡养老人抑或抚养子女，要么在农村盖房子将流动资金转化为价值很低的固定资产。同时，少部分有能力在城镇置办产业的，也基本会选择将户籍迁移至城镇，实现了永久性转移。鉴于本书主要研究对象为半永久性转移行为，为简化分析，假设转移者不存在资本积累。

（二）不考虑政府征税

首先，农村劳动力至城镇务工的基本属于低收入群体，收入处于个税起征点之下，不需要缴纳个人所得税。

其次，中国自 2006 年 1 月 1 日起便全面取消了农业税，农村生产劳动不用再缴纳税收。因此，本模型中不考虑迁移者在农村和城镇就业的税收问题。

（三）不能进行农村土地买卖

如前文所述，半永久性转移者之所以不愿意进行永久性转移，主要是为了保留农村土地作为自己生存状态恶化时的退路，他们虽然对土地没有父辈那样的感情，但不排除他们对土地价值的依恋。为便于分析，本书将转移者对土地价值及其收益的这种特殊情感称为乡土羁绊。如果享有的土地价值可以变现，那么，转移者存在出售土地的可能，这样彻底切断了其与农村的利益关联。为了确保理论分析更贴近中国社会现实，模型将农村劳动力所属集体土地承包经营权视为一项财产权利，由于不具备所有权，不能进行土地买卖，这一假设符合中国农地政策要求。

在以上假设基础上，下文对农村劳动力的半永久性转移行为进行考察。

二、基于生命周期收益最大化的半永久性转移分析

根据"推拉理论"可知，中国农村劳动力转移是在农村推力和城镇拉力共同作用下推进的，是否选择半永久性迁移，主要取决于劳动者生命周期内农村务农与城镇工作的收入现值的对比，城镇工作收入现值等于务农收入现值时，其自由选择在城镇与乡村生活。

（一）农村劳动力收益最大化选择的一般均衡分析

在生命周期收益最大化模型中，出于理性选择，只有 $W-T \geqslant A(x)$ 时，该农村劳动者才会选择转移至城镇工作；存在一个动态均衡状态 x^*，劳动者选择城镇与乡村生活无差异性。

于是有：

$$A(x^*) = \frac{x^* h}{1-\beta(h)} = W-T \qquad (8\text{-}3)$$

进而求解得：

$$x^* = [1-\beta(h)](W-T)/h \qquad (8\text{-}4)$$

农村劳动力在城镇寻找正式工作时，将式（8-2）带入式（8-4）可深化为：

$$x^* = (W-T)/h - \beta(h)/h(W-T)$$

$$= \beta(h)/h\{\lambda h E \max[A(x), W-T] + (1-\lambda h)(W-T)\} - \beta(h)/h(W-T)$$

$$= \beta(h)/h\{\lambda h E \max[A(x) - (W-T), 0]\}$$

$$= \lambda \beta(h)\{E \max[A(x) - (W-T), 0]\} \qquad (8\text{-}5)$$

利用期望值定义继续简化得：

$$x^* = \lambda\beta(h)\int_0^\infty \max\left[A(x)-(W-T),0\right]dF(x)$$

$$= \lambda\beta(h)\left\{\int_0^{x^*}\max\left[A(x)-(W-T),0\right]dF(x)+\int_{x^*}^\infty\max\left[A(x)-(W-T),0\right]dF(x)\right\}$$

$$= \lambda\beta(h)\int_{x^*}^\infty\left[A(x)-(W-T)\right]dF(x) \quad\quad (8-6)$$

在式（8-6）推导过程中，对于第二行积分项的第一项，对于 $x\in(0,x^*]$，$\max[A(x)-(W-T),0]=0$，因而该积分项的第一项为零；对于 $x\in(x^*,\infty)$，$A(x)\geqslant W-T$，则 $\max[A(x)-(W-T),0]=A(x)=(W-T)$。

把式（8-1）和式（8-3）代入式（8-6）得：

$$x^* = \frac{\lambda h\beta(h)}{1-\beta(h)}\int_{x^*}^\infty[x-x^*]dF(x) \quad\quad (8-7)$$

根据贴现因子 $\beta(h)=e^{-\rho h}$，有：

$$\lim_{h\to 0}\beta(h)=1 \qu\quad (8-8)$$

于是由洛必达法则可知：

$$\lim_{h\to 0}\frac{1-\beta(h)}{h}=\rho \qu\quad (8-9)$$

当 h 趋于零时，把式（8-8）和式（8-9）代入式（8-7），得到：

$$x^* = \frac{\lambda}{\rho}\int_{x^*}^\infty[x-x^*]dF(x) \qu\quad (8-10)$$

在式（8-10）中，左边 x^* 是城镇务工的临界收入或农村土地资产临界价值收益，右边是该劳动者在农村生活的期望终身收益现值。为了进行静态比较分析，构建如下函数：

$$H(x^*,\lambda,\rho) = x^* - \frac{\lambda}{\rho}\int_{x^*}^\infty[x-x^*]dF(x) \qu\quad (8-11)$$

计算函数 $H(x^*,\lambda,\rho)$ 的偏导数，可得：

$$H_{x^*} = \frac{H(x^*,\lambda,\rho)}{\partial x^*} = 1-\frac{\lambda}{\rho}[\int_{x^*}^\infty(-1)dF(x)-(x-x^*)F'(x^*)]$$

$$= 1+\frac{\lambda}{\rho}\int_{x^*}^\infty dF(x) = 1+\frac{\lambda}{\rho}[1-F(x^*)]>0$$

$$H_\lambda = \frac{H(x^*, \lambda, \rho)}{\partial \lambda} = -\frac{1}{\rho} \int_{x^*}^{\infty} (x - x^*) dF(x) < 0$$

$$H_\rho = \frac{H(x^*, \lambda, \rho)}{\partial \rho} = \frac{\lambda}{\rho^2} \int_{x^*}^{\infty} (x - x^*) dF(x) > 0$$

于是 $\frac{\partial x^*}{\partial \lambda} = \frac{H_\lambda}{H_x} > 0$，所以均衡时，农村土地资产价值收益 x^* 为其进城镇获得购买社会保障工作机会 λ 的增函数，即农村劳动者在城镇找到有保障工作的机会越大，其半永久性转移的意愿越强。

根据以上推导分析，可得如下结论：

引理 8-1：参与城镇社会保障是农村劳动力半永久性转移的重要标志，基于社会保障的生命周期收益最大化是农村劳动力进行半永久性转移的主要驱动因素，城镇社会保障体系越健全，农村劳动力半永久性转移的意愿越强。

（二）考虑土地价值变动下的一般均衡分析

在模型中，农村土地资产价值收益 x 是以稳态分布函数 $F()$ 描述的非负随机变量，中国社会的经济现实表现为农村土地资产自身价值的不断上升，于是，均衡时农村土地资产价值收益 x^* 在农村劳动者的预期中，远高于实际获得的价值收益，模型将这种高于实际价值收益的预期称为乡土情结。即因乡土情结的存在，农村土地资产价值收益 x 的分布函数 $F()$ 中存在一个土地价值增长率 θ，即：$F(w) = (1+\theta) p (x \leqslant w)$。在乡土情结的驱动下，农村劳动者不愿意放弃农村居民身份（户籍与集体土地承包权密切相关），进而即便是找到合适的工作机会，也会选择半永久性转移。

鉴于 $\frac{\partial x^*}{\partial \lambda} = \frac{H_\lambda}{H_x} > 0$ 时，农村土地资产价值均衡收益 x^* 为其进城镇获得购买社会保障工作机会 λ 的增函数，则可以反推在既定的合适工作机会 λ 下，农村土地价值增长率越大，农村劳动者转移的乡土情结越重，需要更高的资产价值均衡收益 x^* 与之匹配。简言之，农村土地价值增长率 θ 越大，农村劳动者在城镇谋取工作并保留农村户籍的意愿越强。

引理 8-2：农村劳动力受乡土情结的反向驱动，即使存在有保障的工作机会，更多的劳动者仍会选择半永久性转移，且在既定的合适工作机会 λ 下，农村土地价值增长率越大，农村劳动者半永久性转移的意愿越强。

第三节 实证检验

农村劳动力半永久性转移是一个农村居民逐渐进入城镇就业与居住的动态过程，而国家统计部门尚未形成时间序列数据积累。基于此，本节采用调查问卷的方式对中国农村劳动力半永久性转移相关数据进行获取，并采用多项Logistic 模型回归方法对当前中国农村劳动力半永久性转移影响因素进行计量回归分析，对前文理论分析进行验证。

一、数据来源与指标选取

鉴于中国农村劳动力半永久性转移数据获取的难度，为提高本书数据的信度和效度，本书采用国家社会科学基金项目"邓小平对改革开放的历史性贡献研究"课题组问卷调查数据作为实证数据来源[①]，对半永久性转移的相关影响因素的贡献程度进行了实证。且采用相同的计量方法，利用国家卫生健康委发布的中国流动人口动态监测调查数据（China Migrants Dynamic Survey，CMDS）对研究结论进行了佐证。

（一）数据来源

2019 年底，社科基金项目课题组采用调查问卷方式，对广东、湖南、海南、河南、甘肃、湖北、江西等地已转移农村劳动力进行了抽样问卷调查，以个体为单位，共计发放问卷 464 份，剔除问卷填写不完整、异常值以及老家在城镇的 91 份，最终回收有效问卷 373 份，占调查问卷总数的 80%。调查范围涵盖 7 个省份，取得了大量的基础数据，并以此进行描述性统计和回归分析。问卷主要包括户籍、工作收入、社保购买状况、受教育程度、城镇工作生活面临的困难等 17 个核心内容。

调查结果如表 8-1 所示，从性别来看，被调查群体男性占比为 45.04%，女性占比为 54.96%；从户籍看，农村户籍占比 71.58%，城镇户籍占比 28.42%；从年龄看，调查对象年龄最低为 15 岁，最高为 61 岁，平均年龄为 44 岁；从受教育程度看，被调查群体"初中"与"高中"文化程度占比较高，分别为

---

① 数据来源于国家社会科学基金项目"邓小平对改革开放的历史性贡献研究"在 2019 年底开展的问卷调查结果。

30.29% 与 28.69%，年龄 21～30 岁的被调查者，学历层次略高于其他年龄段，本科以上学历占比为 22.25%；从转移期限看，暂时性转移者占比为 16.35%，半永久性转移者占比为 56.3%，永久性转移占比为 27.35%。调查数据满足实证分析需要。

表 8-1　　　　　　　被调查者年龄与性别、户籍分布（N=116773）

单位：%

年龄	性别		户籍	
	男	女	城镇	农村
20 岁以下	0.84	1.15	1.91	0.07
21～30 岁	14.21	14.44	27.11	1.55
31～40 岁	20.08	13.75	31.46	2.37
41～50 岁	15.54	10.15	24.29	1.40
51 岁以上	6.70	3.14	9.43	0.40

（二）指标选择

本书前述理论模型及相关结论表明，当且仅当城镇工作的生命周期收益现值大于待在农村的收益时，农村劳动力才选择半永久性转移，因此，其获取城镇有保障的工作机会、城市相对较高的收入、老家土地资产价值以及家里的老人都会影响其转移决策。结合 Logistic 模型构建的需要，具体研究指标选择如下：

1. 被解释变量的选取与描述

本章选择问卷中农村劳动力转移为因变量（Semi-permanent transfer，SPT），根据农村劳动力暂时性转移、半永久性转移者和永久性转移具有的基本特征，假定户口在农村且没买城镇社会保险，赋值为"0"；购买了城镇社会保险的农村户籍劳动者为半永久性转移，赋值为"1"；已转城镇户口的原农村劳动力则赋值为"2"。

2. 解释变量的选取与描述

借鉴一些学者对农村劳动力转移的研究成果，并结合前文理论分析与问卷数据，本章选择获取有年龄、城镇工作收入、受教育程度、乡土情结等作为控制性解释变量，对半永久性转移的影响进行显著性分析，具体指标描述如下：

（1）年龄（Age）。该变量主要考察转移主体的年龄对转移的影响是否显著。针对该变量问卷调查情况，20 岁以下的被调查者，赋值为 1；21～30 岁的被调查者，赋值为 2；31～40 岁的被调查者，赋值为 3；41～50 岁的被调查者，赋值为 4；51 岁以上的被调查者，赋值为 5。

（2）城镇工作收入（Income）。该变量主要考察城镇工作收入对半永久性转移的驱动作用。针对该变量问卷调查情况，被调查者平均每月收入 3 000 元以内，赋值为 1；平均每月收入 3 001～5 000 元，赋值为 2；平均每月收入 5 001～8 000 元，赋值为 3；平均每月收入 8 001～15 000 元或更高，赋值为 4。

（3）受教育程度（Edu）。该变量主要考察农村劳动力受教育程度对半永久性转移的影响。针对该变量问卷调查情况，被调查者为小学文化程度，赋值为 1；初中文化程度，赋值为 2；高中文化（含中专文化）程度，赋值为 3；大学文化（含大专）程度，赋值为 4；研究生及以上，赋值为 5。

（4）乡土情结（Homesick）。该变量主要考察农村劳动力选择半永久性转移所存在的家乡羁绊影响。针对该变量问卷调查情况，被调查者针对农村老家放心不下的原因选择"农村承包地或农村宅基地"，赋值为 1；其他选项赋值为 0。

（5）城镇优越的条件（Condition）。该变量主要考察农村劳动力选择半永久性转移所受城镇的拉力影响。针对该变量问卷调查情况，被调查者针对在城市工作的原因选择"城镇生活方便，生活条件好"，赋值为 1；其他选项赋值为 0。

二、模型设置及描述

根据指标选择要求，考虑到农村劳动者是否选择半永久性转移属于多类别因变量，具有多项非连续分布的特性，本书利用多项 Logistic 模型（又称 Mlogistic）估计方法对农村劳动力半永久性转移相关影响因素进行研究，多项 Logistic 模型是计量经济学非线性分析的重要工具，用途为研究某种现象的发生或预测事件发生的概率，常用于劳动力转移相关研究之中（魏晨等，2014）。

计量分析实证模型如下：

$$y_i = \mu + \beta_1 x_1 + \beta_2 x_2 + \beta_3 x_3 + \beta_4 x_4 + \beta_5 x_5 \tag{8-12}$$

式中，y 为被解释变量，在回归方程中代表是否选择转移，下标 i（$i = 1, \cdots,$ 450）代表第 i 份问卷数据；x_1 表示解释变量"年龄"，β_1 表示其影响效应；x_2 表示解释变量"城镇工作收入"，β_2 表示其影响效应；x_3 表示解释变量"受教育程度"，β_3 表示其影响效应；x_4 表示解释变量"乡土情结"，β_4 表示其影响效应；x_5

表示解释变量"城镇优越的条件"，β_5 表示其影响效应；μ 是残差项。

根据检验需要对数据进行描述统计，具体如表 8-2 所示。

表 8-2　　　　　　　　　　变量描述统计

变量类型	因素	变量名	最大值	最小值	均值	标准差
因变量	劳动力转移	y	2	0	1.1099	0.6527
自变量	年龄	x_1	5	1	2.6247	1.1471
	城镇工作收入	x_2	4	1	2.1689	1.0244
	受教育程度	x_3	5	1	3.5416	0.8929
	乡土情结	x_4	1	0	0.5201	0.5003
	城镇优越条件	x_5	1	0	0.5362	0.4994

本书选用软件 STATA15.1 对问卷调查数据进行回归检验。

三、假设检验

（一）数据处理

由于 Logistic 模型易受到解释变量间多重共线性的影响，为避免这种影响导致参数估计值方差增大，以致参数估计量含义失真，通常对自变量进行多重共线性检测。本书对选取的 5 个自变量进行检测，检测结果如表 8-3 所示。

表 8-3　　　　　　　　　自变量多重共线性检验

自变量	变量名	方差膨胀因子 VIF
年龄	x_1	1.19
城镇工作收入	x_2	1.25
受教育程度	x_3	1.20
乡土情结	x_4	1.01
城镇优越条件	x_5	1.07

可见，各自变量的方差膨胀因子均小于 5 处于合理范围，5 个自变量间不存在多重共线性。

（二）检验结果

根据多项 Logistic 模型回归，本书选用软件 STATA15.1 对调查问卷统计数据进行回归，具体检验结果如表 8-4 所示。

表 8-4　　　　　　　　　　　　　　模型回归结果

相对模式	解释变量	系数估计值	标准误	z^{**} 统计量	Sig.	下限	上限
	被解释变量 y_i：农村劳动力半永久性转移的概率						
暂时性转移	年龄	1.4582	0.2450	2.24	0.0250	1.0490	2.0270
	城镇工作收入	0.6207	0.1362	−2.17	0.0300	0.4037	0.9544
	受教育程度	0.3039	0.0623	−5.81	0.0000	0.2033	0.4541
	乡土情结	0.3910	0.1414	−2.60	0.0090	0.1925	0.7944
	城镇优越条件	0.6344	0.2273	−1.27	0.2040	0.3144	1.2802
	常数项	21.3391	18.9753	3.44	0.0010	3.7348	121.9228
永久性转移	年龄	2.4223	0.3544	6.05	0.0000	1.8184	3.2269
	城镇工作收入	1.0502	0.1576	0.33	0.7440	0.7825	1.4093
	受教育程度	1.9824	0.4142	3.28	0.0010	1.3163	2.9856
	乡土情结	0.4457	0.1250	−2.88	0.0040	0.2572	0.7722
	城镇优越条件	1.5667	0.4514	1.56	0.1190	0.8906	2.7559
	常数项	0.0034	0.0030	−6.35	0.0000	0.0006	0.0195

注：*、** 和 *** 分别表示显著性水平为 10%、5% 和 1%。

如表 8-4 所示，农村劳动力半永久性转移相关影响变量显著性主要表现如下：

（1）从被调查者年龄来看，暂时性转移者与永久性转移者受年龄因素影响对半永久性转移者的相对优势比为 1.4582 与 2.4223，且非常显著。说明年龄大的被调查者，要么实现了永久性转移，要么选择暂时性转移，这样对自己更有利。

（2）从被调查者城镇工作收入看，暂时性转移对半永久性转移者的相对优势比为 0.6207，说明被调查者收入越高越倾向于半永久性转移，且统计检验比较显著；永久性转移者受城镇工作收入影响对半永久性转移者的相对优势比为 1.0502，但显著性较低。

（3）从被调查者受教育程度看，暂时性转移者与永久性转移者对半永久性转移者的相对优势比分别为 0.3039 与 1.9824，可知受教育程度越高被调查者越倾向于半永久性转移与永久性转移，且统计检验非常显著。这也非常符合中国的社会现实。

（4）从被调查者乡土羁绊看，暂时性转移者与永久性转移者对半永久性转移者的相对优势比分别为 0.3039 与 0.4457，且统计检验非常显著。可知符合半永久性转移条件的被调查者更加关注农村土地价值，即乡土羁绊越强农村劳动者越倾向于半永久性转移。

（5）从被调查者对城镇优越的条件的追求看，该因素的检验结果与被调查者受教育程度类似，农村劳动者对城镇优越的条件越向往，其半永久性转移与永久性转移的意愿越强，但这一影响因素的相对优势比并不显著。

四、分析与结论

结合前文理论分析，从实证检验结果不难发现：与中国农村劳动力暂时性转移对比，除了年龄因素，城镇工作收入、受教育水平、乡土羁绊及对城镇优越生活条件的向往等因素均为农村劳动力由暂时性转移向半永久性转移过渡的驱动因素，由于这一转变未涉及土地权属变化问题，因此乡土羁绊并未带来影响；相关影响因素中，城镇工作收入与受教育程度表现得尤为显著。与中国农村劳动力永久性转移对比，除了乡土羁绊，年龄、城镇工作收入、受教育水平及对城镇优越生活条件的向往等因素均是农村劳动力由半永久性转移向永久性转移过渡的驱动因素，且年龄和教育表现得尤为显著；乡土羁绊对永久性转移的制约作用得到了验证，实证检验结论与前文理论分析基本一致。

于是，可得出如下结论：

引理 8-3：中国农村劳动力转移存在暂时性、半永久性和永久性三种递进的模式，城镇工作收入驱动农村劳动力由暂时性转移向半永久性转移过渡，乡土羁绊则制约农村转移者由半永久性转移向永久性转移过渡，而转移者的受教育程度则是中国农村劳动力转移的有效动力。

因此，正视农村劳动力半永久性转移的存在，有效解决农村土地承包权流转等制约性问题，推动农村土地财富的合理价值变现，同时不断加大农村地区教育投入，是解决中国人口城镇化问题的关键。

以上实证分析结论很好地回应了本章的理论分析。此外，利用国家卫生健康委发布的中国流动人口动态监测调查数据（China Migrants Dynamic Survey,

CMDS）进行了实证分析（王方等，2020），得出了相似结论。当然，在农村劳动力转移群体的土地权益问题上，中国政府已有关注，2018年8月，中共中央、国务院印发《乡村振兴战略规划（2018—2022年）》曾提出：维护进城落户农民土地承包权、宅基地使用权、集体收益分配权，引导进城落户农民依法自愿有偿转让上述权益。加快户籍变动与农村"三权"脱钩，不得以退出"三权"作为农民进城落户的条件，促使有条件的农业转移人口放心落户城镇。

第四节　小　结

本章从中国农村劳动力半永久性转移的概念界定入手，对已有研究成果进行评述分析，通过构建动态搜寻模型，对中国农村劳动力半永久性转移模式进行理论研究。同时，对农村劳动力半永久性转移的相关现实情况进行问卷调查，采用 Logistic 模型对影响农村劳动力半永久性转移的数据进行计量分析，以期对中国正在进行的新型城镇化建设贡献价值。主要研究结论如下：

（1）中国农村劳动力受终身收益最大化驱使选择转移至城镇寻找工作，存在一个动态均衡状态 $A(x^*)$，在该状态下其选择暂时性转移或半永久性转移无差异；农村劳动者的转移决策同时受城镇工作机会获取难易的影响，在城镇获得相对满意的工作机会越容易，其半永久性转移的意愿越强。

（2）中国农村劳动力受终身收益最大化驱使选择是否在城镇长期工作生活，存在一种动态均衡状态 $A(x^*)$，在该状态下其是否选择迁移户籍放弃农村土地收益无差异；在工作获取难易程度不变的情况下，农村劳动者永久性转移决策同时受乡土羁绊影响，羁绊越强其永久性转移的动力就越弱，保持半永久性转移状态的意愿越强。

（3）中国农村劳动力转移存在暂时性、半永久性和永久性三种递进的模式，城镇工作收入驱动农村劳动力由暂时性转移向半永久性转移过渡，乡土羁绊则制约转移者由半永久性转移向永久性转移过渡，而转移者的受教育程度是中国农村劳动力转移的有效动力。

（4）有效解决农村土地承包权流转等制约性问题，同时不断加大农村地区教育投入，对推动中国新型城镇化建设具有重要意义。

第九章

中国农村劳动力永久性转移理论与实证分析

2019 年 4 月，中国国家发展改革委员会发布了《2019 年新型城镇化建设重点任务》，助力《推动 1 亿非户籍人口在城市落户方案》的实施，一时间将人口户籍城镇化问题推至社会关注的焦点。那么，回应社会各界的关注，在新型城镇化与乡村振兴背景下，如何推动农村劳动力的永久性转移即人口户籍城镇化问题成为本书进一步探索的重点。本章通过构建教育投入分析模型对中国农村劳动力永久性转移的驱动因素进行研究，最后围绕新型城镇化与乡村振兴背景下导致中国农村劳动力永久性转移的影响因素，建立线性回归模型，利用中国城镇化建设过程中人口与经济的相关数据，对相关影响因素进行实证分析。研究认为，农村劳动力最终选择落户城镇的一个决定性因素是受教育水平，加强教育投入尤其是农村地区的教育投入成为当前我国农村劳动力永久性转移的有效途径。

第一节　问题提出

尽管存在一些其他学术观点，但长期以来，不论是学术界，还是各级政府，都将农村劳动力永久性转移视为人口城镇化建设的终极目标，认为农村人口到城镇落户才是永久性转移的标志（杨红，1999），而这一观点基本构成了农村劳动力永久性转移的概念基础。

一、模式分析与问题提出

基于户籍迁移的劳动力永久性转移如此重要，国内外学者对中国农村劳动力的永久性转移进行了大量的研究，更多的观点集中于户籍制度与住房方面。朱宇（2004a）认为，人口的永久性迁移主要受制于现存的户籍制度，如果户籍制度取消，大量的流动性迁移人口会转化为永久性迁移人口。邹一南（2015）认为，拥有城市住房是农民工实现永久性迁移的标志，建议制定向小城市倾斜的投资政策，引导产业项目和基础设施建设在住房支付能力强的小城市布局，提高其就业吸纳能力，改变我国城市就业吸纳能力和住房支付能力错配的现状，实现更多的农民工向城市永久性转移。还有一些学者从农地资产以及农民与农地的关系入手对农村劳动力永久性迁移进行研究（李停，2016），姚先国与来君等（2009）认为，永久性迁移是以劳动力与土地分离为前提，以参军、入学为途径，并受到政府政策的影响，是完全的城市化模式。

显然，学术界对于如何界定农村劳动力永久性转移并未形成定论，以现有研究看，多数学者在研究中倾向于认同拥有城镇户籍为永久性迁移的标志（杨红，1999；杨肖丽，2009；姚婷等，2013；程名望等，2014）。这一观点与本书的研究一致，同时得到了中国各级政府的认同。在此基础上，为推动《国家新型城镇化规划（2014～2020年）》的实施，加快国家新型城镇化建设，国家发展和改革委员会先后出台了一系列促进农村人口到城镇落户的户籍政策。

那么，是否农村劳动力到城镇落户就完成了城镇化呢？随着国家新型城镇化建设的推进，农村劳动力到城镇就业生活的永久性转移问题同样引起了学者们的反思与关注，研究的核心话题是：①驱动农村劳动力到城镇落户是新型城镇化建设的目标吗？②农村人口是否依然具有将户籍迁入城镇的意愿呢？③如何才能有效地推进农村劳动力到城镇落户居住呢？

很多学者对以上问题进行了回答，蔡禾等（2007）指出，在中国只有实现了户籍迁移，迁移者才具有与当地居民同等的身份与权利，制度上才具有合法性。宋刚（2015）认为，在当今新城镇化建设背景下，驱动劳动力到城镇落户仍然是新型城镇化建设的目标之一，但在建设发展的同时，其他方面也要同步建设。王方等（2016）指出，农村劳动力简单地将户籍迁移到城镇很容易导致无效城镇化的问题，这一观点在相关学者的研究中也得到了认同，换言之，拥有城镇户口仅仅是城镇化的一个重要标志，而远远不是城镇化的全部。朱宇（2004a）认为，只要政府取消户籍制度，流动人口就会就地转移，农村人口始终具有户籍迁移的意愿。事实是不是如此呢？孙文凯等（2011）实证研究表明，户籍制度改革在引导农村劳动力从暂时性转移流动到永久性转移的作用有限。显然，已有的研究成果均从不同侧面对前述问题进行了回答，但尚未形成较为系统的研究框架，而且相关问题的研究也仅停留在理论分析层面，不同的学者之间存在一些争议，同时缺少基于数量分析的实证支撑。

为了更好地回答前述问题，本章围绕农村劳动力永久性迁移的影响因素进行研究，着重考察如下问题：①新型城镇化建设与乡村振兴战略实施背景下中国农村劳动力永久性转移的意愿？②农村劳动力永久性转移的关键驱动因素？③推进农村劳动力永久性转移的对策建议。首先，考察的是农村劳动力是否依然具有永久性转移至城镇的意愿问题；其次，考虑到转移意愿背后的影响因素，本书同时考察了农村劳动力永久性转移的关键驱动因素以及其反向制约；最后，本书针对理论与实证分析，对农村劳动力永久性转移提供了一些政策建议。

二、文献评述与方法借鉴

中国学者在改革开放前后的各种复杂制度背景和区域差异下对农村劳动力永久性转移的理论及实证方面做出了许多贡献。陈勇（2000）指出，家庭迁移中主要成员个人资本和就业能力越强，不仅能带动其他家庭成员的迁移，还使家庭迁移具有永久性。其研究认为，家庭团聚效应促进了家庭迁移的永久性，家庭团聚是永久性移民的重要特征。既然将农村劳动力到城镇落户视为永久性转移的标志，那么，在新型城镇化建设背景下，识别推动农村劳动力向城镇转移的核心影响因素则成为推动永久性转移的关键。以程名望（2014）为代表经济学家认为，子女教育、制度与政策、城市融入、收入与消费、工作本身与精神生活等因素是农村劳动力迁移的主要影响因素。王春雷等（2010）从农民工个体效用最大化的角度研究提出，农民工外出到城市工作的总成本和真实工资率是影响农村劳动力永久性转移决策的因素。

同时，沿着"将是否拥有城镇户籍作为永久性转移的标志"这一思路，大量的学者对新型城镇化背景下农村劳动力的永久性迁移问题进行研究。宋刚（2015）预测至2040年，中国城镇人口占全国人口（城镇化水平）比例将达75%。在传统城镇化时期，这期间因主要驱动劳动力到城镇落户而衍生了许多问题，而在当今新城镇化建设背景下，驱动劳动力到城镇落户仍然是新型城镇化建设的目标之一。在新型城镇背景下，农村人口仍然具有将户籍迁入到城镇的意愿。李琬等（2015）研究发现，大部分农民倾向于迁移到小城市即小城镇、县或县级市，其后依次是大城市和中等城市，从城镇规模分布角度看，呈现两头大、中间小的"哑铃形"结构，但无法排除农村居民对不同规模城市的偏向是考虑到现实户籍问题后的被迫选择。

王强（2014）指出，传统城镇化发展主要是以发展城市空间为主，人口城镇化为目标，剥夺农村劳动力和农村资源，以牺牲农民的利益换取城市的发展，导致城乡差距加大，城乡矛盾加深。中国共产党十八次全国代表大会明确提出："新型城镇化建设是我国经济发展的一个重要战略目标，城镇化建设需要产业支撑，城镇化建设要求因地制宜地发展经济"。

不难发现，在新型城镇化背景下，农村劳动力转移已不再仅仅表现为农村劳动力简单的向城镇迁移，而是围绕城镇产业吸附来的人口城镇化转移，农村劳动者转移到城镇不仅迁移户籍，还可以找到相对稳定的工作。当然，在新型城镇化背景下，城镇居民所能享受的各种资源远大于农村居民，同时新生代农民工教育水平逐渐提高，思想更加开放，对城市进行永久性迁移的意愿会更加强烈。沿着这一分析思路，本章借鉴马光威与王方（2016）的企业救助模型，构建新型城镇化背景下农村劳动力永久性转移的教育投入理论分析模型，对农村教育投入对劳动力转移相关问题进行研究；同时，利用中国社会现实数据对农村劳动力永久性迁移数量、城乡劳动收入差距、教育投入、医疗投入及公共基础设施投入等变量进行计量回归分析。

沿着以上思路，本章着重考察了农村劳动力永久性转移的主要驱动因素。与以往研究相比，本章进行了如下创新：

（1）进入新型城镇化阶段后，农村劳动力永久性转移的意愿逐渐降低，除非受到政策激励，农村劳动力永久性转移的积极性基本消失。

（2）通过计量分析，认为城乡收入差距等因素依然对农村劳动力永久性转移存在影响，同时，进一步明确了农村教育投入是农村劳动力转移的决定性因素。

（3）在新型城镇化背景下，城乡分割的二元化户籍制度并不是人口城镇化的关键制约因素。

第二节　理论模型分析

本节借鉴企业救助模型的分析思路，构建了一个农村劳动力永久性转移的教育投入分析模型，对当前农村劳动力永久性转移影响因素进行理论推导分析。研究认为，农村教育投入是农村劳动力永久性转移的核心动力，只有加大教育投入力度尤其是农村教育投入力度，才可以加快农村劳动力的永久性转移。本节主要对模型的特性与结论进行论证，第三节进行相关的数量检验。

一、理论模型设置

本书基于封闭的经济构建人口转移动态分析模型，模型包含三大部门：政府部门（G）、农村部门（R）和城镇部门（C）。其中，政府部门是社会的管理部门，以社会经济增长为目标，向居民提供各类公共服务；农村部门和城镇部门受政府部门的管理约束；劳动力由农村部门向城镇部门转移（封闭经济不考虑对外移民）。政府部门追求社会利益最大化，农村部门和城镇部门都是追求利益最大化的。为向社会提供公共服务，政府部门对城镇部门和农村部门以相同的税率 τ 征税；设置税收用于公共服务支出的预算比例 δ，用于向农村部门提供教育补贴的预算比例为 γ，政府部门的预算平衡要求 $\delta+\gamma=1$。$f(\delta\tau)$ 代表政府提供的基础公共服务，函数 $f(\delta\tau)$ 满足 $f'(\delta\tau)>0$ 和 $f''(\delta\tau)<0$，$\delta=1$ 时，政府将全部税收用于基础公共服务。

进一步假定城镇部门和农村部门劳动力的单位教育投入成本 $C_{L_i}=1+\dfrac{b}{2}\dfrac{I_i}{L_i}$，式中，$i=R$，$C$；$b$ 是教育成本系数，$z_i=\dfrac{I_i}{L_i}$ 为两部门劳动者的教育投入力度即人均教育投入。

各部门的收入函数分别表示如下：

$$Y_C = A_C L_C f(\delta\tau)$$

$$Y_R = A_R L_R f(\delta\tau)$$

$$Y = Y_C + Y_R$$

式中，Y_C 和 Y_R 分别表示城镇部门和农村部门的收入；L_C 和 L_R 分别表示城镇部门和农村部门的劳动投入；A_C 和 A_R 分别表示城镇部门与农村部门的效率，通常情况下有 $A_R < A_C$。

在模型中，国民收入增长是中国各级政府的首要目标，即城镇部门与农村部门收入的增长。由于 $A_R < A_C$，推动农村劳动力转移至城镇部门，可以提升

社会整体的收入。根据前文文献分析和中国社会发展现状，本书认为，新型城镇化建设背景下，模型同时面临以下假设条件：

（一）不存在农村社会的税收优惠

2006 年中国取消农业税后，政府不存在对农业劳动群体的强制性征税，尤其是营改增税收体制改革完成后，中国社会城镇与乡村的税收体系基本一致，也不存在针对农村社会的税收优惠。但中国针对农业企业及农产品的输出有一定的税收减免与税收优惠，考虑到农产品运输成本的问题，为简化分析，本书假设不存在农村社会的税收优惠。

（二）教育重视程度具有一致性

随着经济的快速发展，中国社会父母对子女教育的重视程度日益增强，不论是城镇居民还是农村居民。教育投入已经成为中国家庭支出的主要组成部分，根据家庭收入存在的差距，通常低收入群体教育支出所占家庭收入的比例更高。为了便于模型分析，本书假设社会群体的教育重视程度具有一致性，不对家庭收入差距进行区分。

（三）高等教育/专业技能教育伴随着户口迁移

中国居民的户口迁移受到一定的制度限制，尤其是城乡之间的户口迁移，但在农村学生通过高考进入大学时，具有一次迁移户籍的权利，相对来说，此时转移户口是农村劳动力户籍变动最便利的通道。然而遗憾的是，近年来，随着高等教育的普及化，很多入读大学的农村学生并未选择进行户口迁移，尤其是城市郊区土地升值较快的地区。考虑到不转移户籍的大学生人员数量尚且不多，为简化分析，本书假设高等教育伴随着户口转移。此外，部分接受了专业技能培训的特殊人才，通过专业技能通道也可以将户籍迁入城镇，因此专业技能教育也伴随着永久性转移。

在以上假设的基础上，下文以教育投入分析模型为基础对农村劳动力的永久性转移行为进行考察。

二、农村劳动力永久性转移理论分析

根据"二元经济理论"可知，中国劳动力市场被划分为农村与城镇两个相对独立的市场，农村劳动力在农村的效率低于在城镇工作的效率，出于劳动者个人收入提升或政府收入最大化的考虑，政府鼓励农村劳动力永久地离开农村，到城镇工作，但受制于传统、成本、户籍等因素的制约，农村劳动者的永久性转移并不是一蹴而就的。

（一）传统农村劳动力永久性转移分析

长期以来，伴随着中国经济的高速发展，农村劳动力永久性转移主要归因于城镇高收入以及就业机会的自发驱动，转移基本都是单向的，未经统筹规划的转移。在前文构建的模型中，农村部门可支配收入 v_R 可表示为：

$$v_R = (1-\tau)A_R L_R f(\delta\pi) \tag{9-1}$$

于是，农村部门最大化问题可以写为：

$$\max_{I_R} \int_0^\infty e^{-rt}[(1-\tau)A_R L_R f(\delta\tau) - I_R(1+\frac{b}{2}\frac{I_R}{L_R})]d(t) \text{，S. T. } \dot{K}_R = I_R;$$

式中，t 表示时间，r 表示不变的贴现率。

建立农村部门基于教育收益的当期汉密尔顿函数：

$$H_R^* = (1-\tau)A_R L_R f(\delta\tau) - I_R \frac{b}{2}(1+\frac{I_R}{L_R}) + qI_R \tag{9-2}$$

式中，$q(t) = \mu e^{rt}$，μ 为拉格朗日乘数。

求解一阶条件 $\frac{\partial H}{\partial I_R} = 0$，$\frac{\partial H}{\partial L_R} = rq - \dot{q}$，$q(T) \cdot e^{-rT} \cdot L(T) = 0$ 可得：

$$q = 1 + \frac{bI_R}{L_R} \text{ 与 } \dot{q} = rq - (1-\tau)A_R f(\delta\tau) - \frac{b}{2}(\frac{I_R}{L_R})^2$$

进而可得：

$$\dot{z}_R = \frac{1}{2}(z_R)^2 + rz_R - \frac{(1-\tau)A_R f(\delta\tau)}{b} \tag{9-3}$$

求解式 9-3 的平衡解：

$$\overline{z_R} = \frac{-r + \sqrt{r^2 + 2[(1-\tau)A_R f(\delta\tau) - r]}}{2}$$

同理可求解城镇部门的教育投资力度：

$$\overline{z_C} = \frac{-r + \sqrt{r^2 + 2[(1-\tau)A_C f(\delta\tau) - r]}}{2}$$

因为贴现率和税率都是外生的，有 $\dfrac{\partial z_i}{\partial A_i}>0$，$\dfrac{\partial z_i}{\partial f(\delta\tau)}>0$；为不失一般性，当且仅当 $(1-\tau)Af(\delta\tau)>r$ 时，两部门才存在教育投入力度。因 $A_C>A_R$，所以有 $z_C>z_R$，即城镇部门对教育的投入力度大于农村部门的投入力度。

通过以上推算与分析，可以得出如下结论：

引理 9-1： 在给定的利率和税收水平下，城镇部门与农村部门的教育投入取决于部门生产效率水平。公共服务支出越大，两部门的效率水平越高，教育投资力度越强。同时，农村部门的教育投资力度低于城镇部门，农村教育投资规模对农村劳动力永久性转移推动作用不足。

鉴于政府部门是追求社会收入最大化的，由于 $A_C>A_R$，只要更多的农村劳动力转移至城镇，则社会收入水平就会增长，于是政府必然存在加大农村教育补贴，推动农村劳动力转移的动力。本书接下来考察存在农村教育补贴时，教育投资对农村劳动力永久性转移的影响。

（二）新型城镇化背景下的农村劳动力永久性转移分析

新型城镇化是以城乡统筹、城乡一体、产业互动、节约集约、生态宜居、和谐发展为基本特征的城镇化。进入新型城镇化阶段，人口城镇化不再是简单的人口迁移，而是围绕城乡统筹与产业互动的高素质人才的城镇化，教育投入显得必不可少。结合前文假设，政府部门为了社会利益最大化，本身具有推动农村劳动力由效率较低的农村部门向效率较高的城镇部门转移的动力，那么，政府部门存在向农村部门提供更多教育培养支出（下文称为"教育补贴"）的可能。即出于收入最大化的考虑，政府部门通过"教育补贴"提升农村部门的教育投资力度 Z_R，于是农村部门的收入最大化问题可表述为：

$$\max_{I_R}\int_0^\infty e^{-rt}[(1-\tau)A_RL_Rf(\delta\tau)-I_R(1+\frac{b}{2}\frac{I_R}{L_R})+\varepsilon]d(t)\ ,\ \text{S. T.}\ \ \dot{K}_R=I_R\ ;$$

式中，ε 为随机因素，服从均值为零、方差为 σ^2 的独立同分布。

政府对农村部门进行教育投入补贴时，农村部门的收入可以表示为：

$$V_R=\int_{-\infty}^{+\infty}[(1-\tau)A_RL_Rf(\delta\tau)+\varepsilon]f(\varepsilon)d(\varepsilon) \tag{9-4}$$

式中，$f(\varepsilon)$ 表示政府对农村教育补贴的影响，$f(\varepsilon)\geq 0$。

由于农村部门的教育投入只占整个农村部门收入的一部分，则必然有 $(1-\tau)A_RL_Rf(\delta\tau)+\varepsilon-rL_RI_R\geq 0$，于是农村部门收入现值可表示为：

$$\pi_R = \int_{rL_RI_R-(1-\tau)A_RL_Rf(\delta\tau)}^{+\infty} [(1-\tau)A_RL_Rf(\delta\tau)+\varepsilon]f(\varepsilon)d(\varepsilon)$$

$$+\int_{-\infty}^{(1-\tau)A_RL_Rf(\delta\tau)-rL_RI_R} [(1-\tau)A_RL_Rf(\delta\tau)+\varepsilon]f(\varepsilon)d(\varepsilon) \qquad （9-5）$$

构建当期汉密尔顿函数：

$$H_R^* = \int_{rL_RI_R-(1-\tau)A_RL_Rf(\delta\tau)}^{+\infty} [(1-\tau)A_RL_Rf(\delta\tau)+\varepsilon]f(\varepsilon)d(\varepsilon)$$

$$+\int_{-\infty}^{rL_RI_R-(1-\tau)A_RL_Rf(\delta\tau)} [(1-\tau)A_RL_Rf(\delta\tau)+\varepsilon]f(\varepsilon)d(\varepsilon)-I_R(1+\frac{b}{2}\frac{I_R}{L_R})+qI_R$$

求解一阶条件 $\frac{\partial H}{\partial L_R}=0$，$\frac{\partial H}{\partial L_R}=rq-\dot{q}$，$q(T)\cdot e^{-rT}\cdot L(T)=0$ 可得：

$$q=1+\frac{bI_R}{2L_R} \text{ 与}$$

$$\dot{q}=rq-(1-\tau)A_Rf(\delta\tau)-\frac{b}{2}(\frac{I_R}{L_R})^2-[r-(1-\tau)A_Rf(\delta\tau)]\int_{-\infty}^{rL_RI_R-(1-\tau)A_RL_Rf(\delta\tau)}f(\varepsilon)d(\varepsilon) \qquad （9-6）$$

进而可得：

$$\dot{z_R^*}=\frac{1}{2}(z_R^*)^2+rz_R^*-\frac{(1-\tau)A_Rf(\delta\tau)+\varphi-r}{b} \qquad （9-7）$$

式中，$\varphi=[r-(1-\tau)A_Rf(\delta\tau)]\int_{-\infty}^{rL_RI_R-(1-\tau)A_RL_Rf(\delta\tau)}f(\varepsilon)d(\varepsilon)$。

求解式（9-7）可得：

$$\overline{z_R^*}=\frac{-r+\sqrt{r^2+2[(1-\tau)A_Rf(\delta\tau)+\varphi-r]}}{2}$$

由于 $\varphi=[r-(1-\tau)A_Rf(\delta\tau)]\int_{-\infty}^{rL_RI_R-(1-\tau)A_RL_Rf(\delta\tau)}f(\varepsilon)d(\varepsilon)\geqslant 0$，所以有 $\overline{Z_R^*}\geqslant\overline{Z_R}$，在政府部门对农村教育存在补贴时，农村教育投入会大于通常情况。

根据模型假设，政府部门追求社会总体利益最大化，为提升农村劳动力永久性转移的速度，必然存在对农村部门教育投资的补贴，补贴力度足够大时，可能存在农村教育投入力度大于城镇教育投入力度的可能。但如果政府部门对教育的补贴超出预算比例 γ，会形成对公共服务的挤出，对总体社会收入增长造成负向影响。因此，当且仅当 $\varphi<\gamma\tau Af(\delta\tau)$ 时，政府加大农村教育补贴，

一方面可以推动农村劳动力转移，一方面可以推动社会经济增长。

引理9-2：在给定的利率水平和税收水平下，存在"农村教育补贴"时，只要教育补贴的力度足够大，农村部门教育投资力度会大于城镇部门，教育投资对农村劳动力永久性转移具有显著的正向推动作用。

通过引理9-1与引理9-2的分析与讨论可知，通常情况下农村部门教育投资力度低于城镇部门教育投资力度，农村劳动力转移逐渐减慢，对整体经济增长形成负向影响；因此，只要政府部门对农村教育进行"政府补贴"，农村部门教育投资力度就会增强，接受高等教育的农村人口就会加大，更多的农村劳动力会通过教育途径永久性转移至城镇工作生活。根据以上分析，本书得出一个重要的可检验推论：

推论9-1：教育投入越高的地区，农村劳动力永久性转移的进程越快，相应的人口城镇化水平越高。

第三节　实证检验

2014年7月30日，国务院印发的《关于进一步推进户籍制度改革的意见》（以下简称《意见》）出台，标志着中国进一步推进户籍制度改革进入全面实施阶段，但现实数据显示，目前户籍制度改革方面的政策实施尚未有明确的效果，人口城镇化数量也未出现井喷式的增长。本节利用中国社会的人口城镇化等经济数据，对当前农村劳动力永久性转移影响因素进行计量回归分析，对前文理论分析模型的结论进行验证。受制于数据收集难度，本书实证则选取2010～2019年中国31个省（自治区、直辖市）的平衡短面板数据进行计量回归与分析。

一、实证模型设置

本书借鉴马光威与王方（2016）关于自变量与因变量之间影响关系的实证思路，运用固定效应（FE）分析法研究教育对农村劳动力永久性转移的影响。因此，为突出新型城镇化以人为本的根本理念，为衡量农村劳动力永久性转移程度，选取人口城镇化率（up_{it}）作为被解释变量，重点考察解释变量教育投入水平（edu_{it}）对人口城镇化率（up_{it}）的影响。考虑到区域人口城镇化率受一系列驱动因素的影响，本书引入相关控制变量，通过实证模型计算分析观测结果与假说是否一致。

计量分析实证模型如下：

$$up_{it} = \alpha + \beta \times edu_{it} + \lambda M_{it} + \delta_i + \mu_t + \varepsilon_{it}$$

式中，up_{it} 为被解释变量，在回归方程中代表人口城镇化率（城市户籍人口占全部人口之比），i 和 t（$t=2010, \cdots, 2019$）分别代表第 i 个省（自治区、直辖市）和第 t 年；β 表示核心解释变量的影响效应，edu_{it} 代表第 i 个省份第 t 年的教育投入水平；M_{it} 表示一系列影响人口城镇化率水平的其他控制变量，δ_i、μ_t、ε_{it} 分别表示个体固定效应、时间固定效应和随机扰动项。

二、变量梳理与数据整理

（一）变量梳理

在新型城镇化建设背景下，本书重点研究了农村劳动力永久性转移水平变动和教育发展水平两个核心变量之间的影响关系。参照以往研究成果，农村劳动力永久性转移水平变动用人口城镇化水平增长率表示；地方教育投入水平使用地方财政教育支出 /GDP（Ip）和地方总体教育支出（Rei）来衡量，前者衡量地方教育发展投入力度，后者衡量地方教育结果。同时，结合前文永久性转移实证模型，引入城乡劳动收入差距，农业技术进步，第二、第三产业增长，通货膨胀，医疗卫生投入，公共基础设施投入及城镇人口社保参保率等7个对农村劳动力户口转移产生影响的其他控制变量。其中，城乡劳动收入差距用地区城镇居民人均收入与地区农村居民人均收入的差表示；农村医疗卫生投入用地区财政农村医疗卫生支出数据表示；公共基础设施投入用地区财政公共基础设施投资支出数据表示；城镇人口社保参保率用城镇居民社会保险参保比例数据表示。相关解释变量梳理及数据整理公式具体如表9-1所示。

表9-1 变量选择、定义及计算方式

变量名称	变量性质	变量含义	计算方法或解释	预期符号
Up	被解释变量	人口城镇化水平变动	城镇户籍人口占比年度增量	−
Ip	核心解释变量	地方教育投入	地方财政教育支出 /GDP	+
Rei	核心解释变量	地方总体教育投入	地方财政教育支出	+
Ig	控制变量	城乡收入差距	城镇居民人均收入与地区农村居民人均收入的差	+

变量名称	变量性质	变量含义	计算方法或解释	预期符号
Atp	控制变量	农业技术进步	以区域粮食单位面积产量（公斤/公顷）替代	+
Na	控制变量	第二、第三产业增长	各地区第二、第三产业产值	+
Ir	控制变量	通货膨胀率	地区通货膨胀率	?
Mi	控制变量	医疗卫生投入	地区财政农村医疗卫生支出	+
Pi	控制变量	公共基础设施投入	地区财政公共基础设施投资	?
Is	控制变量	城镇养老保险参保率	城镇居民社会保险参保比例	+

注：本书数据来源于历年《中国统计年鉴》，表中所有变量都是无量纲的；预期符号中"-"代表负向影响，"+"代表正向影响，"?"代表影响方向不确定。

（二）数据整理与检验

根据以上变量选择与取值思路，实证基础数据主要来源于《中国统计年鉴（2011~2020）》，相关工具为 Stata16 软件。为避免单位根带来的伪回归问题，确保计量结果有效，首先需要对面板数据进行平稳性检验，面板数据平稳性检验常见检验方法为 LLC（Levin–Lin–Chu）单位根检验和 IPS（Im–Pesaran–Shin）单位根检验，本文选择 LLC 单位根检测方法进行检测，相关检验结果如表 9-2 所示，*Up*、*Ip*、*Rei*、*Atp*、*Ir*、*Mi*、*Pi* 等 7 个变量的 LLC 统计量均大于临界值，其中，*Mi* 在 5% 的水平上显著，其他变量在 1% 的水平上显著，7 个均不存在单位根；*Ig*、*Na*、*Is* 等 3 个变量的 LLC 统计量均小于临界值，存在单位根，对 *Ig*、*Is* 作了一阶差分处理后在 1% 的水平上显著，不存在单位根，对 *Na* 作了二阶差分处理后在 1% 的水平上显著，不存在单位根。

表 9-2　　　　　　　　　　单位根检验结果

变量	LLC 统计量	显著性水平	变量	LLC 统计量	显著性水平
Up	−22.3278	1%	*ddNa*	−4.0733	1%
Ip	−18.3133	1%	*Ir*	−9.5881	1%
Rei	−5.0221	1%	*Mi*	−2.2537	5%
dIg	−12.9484	1%	*Pi*	−3.6854	1%
Atp	−7.3332	1%	*dIs*	−11.0264	1%

注：应用 AIC 准则选取最优滞后阶数。

同时，为避免解释变量之间存在共线性问题，需要进行多重共线性检验，考虑到地方财政教育支出/GDP（Ip）和地方总体教育支出（Rei）具有明显的共线性问题，在实证模型回归时自然予以回避，因此，两个变量共线性检测分别进行，检测结果如表9-3所示，各变量方差膨胀因子（VIF）均小于10，以 Rei 为被解释变量时，变量之间存在一定的共线性，但总体来看，Ip/Rei、dIg、Atp、$ddNa$、Ir、Mi、Pi、dIs 等8个变量之间不存在严重的多重共线性问题。

表9-3　　　　　　　　　　　　　　　多重共线性检验结果

变量	Ip		Rei	
	VIF	1/VIF	VIF	1/VIF
Ip	1.50	0.666667	—	—
Rei	—	—	1.50	0.666667
dIg	1.55	0.645161	5.12	0.195313
Atp	1.54	0.649351	4.89	0.204499
$ddNa$	1.47	0.680272	4.84	0.206612
Ir	1.56	0.641026	4.81	0.207900
Mi	1.11	0.900901	1.42	0.704225
Pi	1.19	0.840336	4.76	0.210084
dIs	1.55	0.645161	5.10	0.196078

对面板模型进行估计还需要进行内生性检验，通常来讲二、第三产业的发展、农业技术进步、通货膨胀等因素与农村劳动力永久性转移之间存在互为因果关系，二、第三产业的发展、农业技术进步、通货膨胀可以带来农村劳动力的加速转移，农村劳动力的转移同样可以推动二、第三产业的发展、农业技术进步，导致通货膨胀加速。存在内生变量时，固定效应回归结果会出现偏差，论著选择解释变量的一节滞后变量作为工具变量，对下文拟进行实证估算的两个模型进行 IV 估计，采用 Davidson-MacKinnon（1993）提出的 D-M 检验判断内生变量的存在性问题，两个模型中三个解释变量 IV 估计结果分别为0.4589、0.6579、0.1483 与 0.6217、0.9061、0.0901，表明接受原假设，解释变量与同期随机干扰项不相关，因此，三个变量不存在显著的内生性问题。

三、分析与结论

为考察核心变量之间的相关关系，此处论著利用Stata16软件对实证模型进行固定效应（FE）与随机效应（RE）计量回归，在针对各方程的Hausman检验结果中P值为0.1918，则最终选择固定效应模型进行回归分析。同时，对回归结果进行F值检验，检验的零假说为估计方程的不显著，最终拟合方程通过检验，实证检验结果如表9-4所示。根据表9-4中方程（1）～（4）的计量结果可知，两个核心解释变量的系数均为正，说明教育投入对农村劳动力永久性转移存在正向促进作用，且地方财政教育支出占GDP比重对农村劳动力永久性转移变动的促进作用在可接受的显著性水平上非常显著。方程（2）和（4）中，在剔除相关性较低的一些变量影响之后，教育投入对农村劳动力永久性转移影响的回归结果差异不大；教育投入影响与前述理论模型分析结果一致，这说明解释变量教育投入（edu）对农村劳动力永久性转移的解释力度具有较强的稳定性。此外，根据表4回归结果可知，方程（1）～（4）中城乡收入差距变动、第二、第三产业增长变动对农村劳动力永久性转移变动具有正向影响，且城乡收入差距的影响非常显著；农业技术进步、通货膨胀率对农村劳动力永久性转移变动具有负向影响，且通货膨胀率影响较为非常显著，在控制了一些变量后，显著性降低。方程（1）、（2）和（4）中，农村地区的医疗卫生投入对农村劳动力永久性转移具有显著的负向影响，说明农村地区的基础医疗发展对农村人留在农村生活具有显著的影响。方程（1）～（4）中，公共基础设施投入与城镇人口社保参保率变动在两个模型中呈现出相反的影响，且城镇人口社保参保率变动的相关影响非常显著，说明相比于教育投入总量城镇人口社保参保率对农村劳动力永久性转移影响更显著。

表9-4　　　　农村劳动力永久性转移变动（2010～2019年）计量结果

被解释变量 up_{it}：农村劳动力永久性转移				
估计方程	（1）	（2）	（3）	（4）
Ip	0.181411 （0.054528）***	0.220707 （0.052841）***	—	—
Rei	—	—	8.20e−06 （4.36e−06）*	6.28e−06 （3.79e−06）*
dIg	7.55e−07 （3.73e−07）**	7.98e−07 （3.73e−07）**	7.30e−07 （3.81e−07）*	8.86e−07 （3.83e−07）**

被解释变量 up_{it}：农村劳动力永久性转移				
估计方程	（1）	（2）	（3）	（4）
Atp	−9.30e−07 （9.33e−07）	—	−8.79e−07 （9.53e−07）	—
ddNa	1.23e−07 （8.89e−08）	—	7.46e−08 （9.10e−08）	—
Ir	−0.093920 （0.036338）***	0.016758 （0.020912）	−0.130101 （0.038242）***	−0.002612 （0.020624）
Mi	−6.08e−06 （2.33e−06）***	−5.05e−06 （1.85e−06）***	0.000018 （6.76e−06）***	−0.000015 （5.94e−06）***
Pi	−2.41e−07 （1.01e−06）	—	2.22e−07 （1.04e−06）	—
dIs	−0.029325 （0.009767）***	−0.027630 （0.009323）***	0.025152 （0.009897）***	0.021772 （0.009637）**
常数	0.011958 （0.005495）**	0.002414 （0.002661）	0.017814 （0.005145）***	0.010879 （0.001511）***
R^2(within)	0.1470	0.1283	0.1167	0.0762
R^2(between)	0.0415	0.0114	0.0000	0.2726
R^2(overall)	0.0455	0.0168	0.0221	0.0188
F 检验值	9.51***	7.16***	3.45***	4.01***
观测值	248	248	248	248
组数	31	31	31	31

注：（1）括号中的数字为标准差；（2）*、** 和 *** 分别表示显著性水平为10%、5% 和1%；（3）Hausman 检验结果支持固定效应模型分析。

鉴于短面板数据回归，两个模型的拟合优度较差，以上实证检验内容并不能明确全部相关控制变量对农村劳动力永久性转移的作用机制，但从模型回归结果看，教育投入对地区农村劳动力转移的影响问题得到了有效验证，即教育投入对区域人口城镇化推进具有正向促进作用，实证计量结果很好地对前文理论模型推论进行了验证。由此可知，加大地区教育投入尤其是农村教育投入，是中国以人口城镇化为中心新型城镇化建设成败的关键。通过上述实证结果分析，不难得出如下结论：

一是教育投入为农村劳动力永久性转移的关键性影响因素。从当前中国的政策形式看，农村劳动力获取城镇户籍的最有利方式是接受高等教育，而教育投入的增加是农村劳动力获取高等教育机会的主要决定因素。因此，加大农村地区教育投入将成为中国农村劳动力永久性转移的关键举措。

二是城乡收入差距对农村劳动力永久性转移存在显著的正向影响，长期以来，我国城乡收入差距驱动农村剩余劳动力至城镇谋生，形成了农村劳动力永久性转移的主要动力；通货膨胀率对农村劳动力永久性转移存在显著的负向影响，日渐上涨的城镇生活成本成为农村劳动力永久性转移的主要掣肘。

三是农村地区基础医疗卫生条件提升减弱了农村劳动永久性转移的推力，而城镇人口社保参保率提高对增强城镇人口转移拉力具有显著的作用。

第四节　小　结

本章从中国农村劳动力永久性转移模式的内涵研究入手，对农村劳动力永久性迁移相关研究成果进行了回顾，在此基础上建立了教育投入补贴分析模型，对教育投入力度及补贴必要性进行理论模型分析；同时利用中国社会现实经济与人口数据对农村劳动力永久性转移的相关因素进行实证分析。主要研究结论如下：

（1）在给定的利率水平和税收水平下，城镇部门与农村部门的教育投入取决于部门生产效率水平。公共服务支出越大，两部门的效率水平越高，教育投资力度越强。同时，农村部门的教育投资力度低于城镇部门，农村教育投资规模对农村劳动力永久性转移推动作用不足。

（2）在给定的利率水平和税收水平下，存在政府的"教育补贴"时，只要教育补贴的力度足够大，农村部门教育投资力度会大于城镇部门，教育投资对农村劳动力永久性转移将具有显著的正向推动作用。

（3）加大教育投入，尤其农村教育投入，是驱动中国农村劳动力永久性转移的关键，城乡收入差距依然是农村劳动力永久性转移的主要动力，而通货膨胀及农村社会保障措施的实施不利于我国农村劳动力的永久性转移。

第十章

中国农村劳动力转移对策建议

诺贝尔经济学奖获得者斯蒂格利茨曾经预言：美国的新技术革命和中国的城镇化，是 21 世纪带动世界经济发展"两大引擎"，可见中国新型城镇化建设的成败事关中国乃至全球未来的持续发展。本书通过构建关于农村劳动人口暂时性转移、半永久性转移和永久性转移的递进理论分析框架体系，对我国农村劳动力转移模式的演进与嬗变进行研究。本章结合前文理论与实证分析的结论，针对新型城镇化与乡村振兴背景下中国农村劳动力转移问题提出一系列政策建议，以期研究工作能够给现实发展提供一些理论指导。

第一节　建立有利于农村劳动力转移的制度安排

通常情况下，中国农村劳动力转移都是"制度后发型"的，即劳动力转移过程出现问题倒逼或推动政府出台相关配套政策制度。本书结合中国当前农村劳动力转移的现状与三大模式的规范实证研究，在制度层面就土地制度、社会保障体系与户籍制度等提出如下政策建议。

一、进一步完善农地的权属制度与流转机制

（一）完善农地经营权保护制度，降低农村劳动力转移阻力

首先，明确新型城镇化更多的是人口的城镇化而不是土地的城镇化，那么，在农村劳动力转移过程中，必须强化土地尤其是农业用地的政策保护力度，不

因人口城镇化而简单地转变为城市建设用地，确保国家粮食安全的同时，有序提供新增建设用地，实现城镇面积的稳步扩张和全体居民的安居乐业。

其次，从人口转移的利益驱动角度出发，确保农村劳动力转移至城镇后，暂时性转移和半永久性转移的劳动者所有的土地权属利益不受损害。针对农业用地建立所有权、承包权与经营权明晰的土地权属管理制度，将原有集体土地经营承包权进行确权，并颁发相应的承包权证。通过农业用地所有权、承包权与经营权三权分立，实现离地农民在不放弃土地承包权的基础上，可以享受土地承包权带来的经营性收益。

最后，通过立法形式保障农业用地的所有权与承包权不受侵害，将承包权纳入产权的范畴内，以法律的手段，进一步提升土地承包权的保护力度。同时，在农业用地的所有权、承包权与经营权保护层面引入最新互联网科技，建立基于区块链技术的土地权属数据库，以数字化技术手段提升所有权、承包权与经营权的保护力度。

（二）建立农地承包权流转机制，增强农村劳动力转移动力

一方面，农村劳动力基于利益最大化选择做出是否进行半永久性转移的决策，在其转移至城镇之后，短期内依然将农村耕地作为一种潜在社会保障而继续持有。为避免资源闲置以及实现转移人口的利益最大化，在确保拥有承包权的基础上，建立土地经营权流转机制和相应的流转市场，便于土地经营权的流转。这就要求土地经营权有明晰的定价机制和流转协议机制，让农村劳动力放心脱离低产值的农业生产，有效地推动暂时性转移人口向半永久性转移的转化。

另一方面，可以探索在不改变土地所有权的基础上，建立镇级以上行政单位范围内的土地承包权流转机制和相应的流转市场，扩大流转范围；通过对土地承包权给予合理的市场定价，提升离地农民从土地承包权流转中的收益，有效地推动半永久性转移人口向永久性转移的转化。

当然，中国政府一直在进行相应制度体系改革的探索，曾试水建立农村宅基地流转机制，但由于种种原因条件不具备、不成熟而迅速终止①。基于可能存在的一系列潜在风险，不建议探索农业集体土地所有权的流转。

---

① 2019年5月5日，中共中央、国务院印发的《关于建立健全城乡融合发展体制机制和政策体系的意见》提出：允许村集体在农民自愿前提下，依法把有偿收回的闲置宅基地、废弃的集体公益性建设用地转变为集体经营性建设用地入市。

二、健全社会保障机制，弱化农地保障功能

改革开放至今，中国已经建立了多层次的社会保障体系，形成了针对城镇职工的社会保险制度即传统的五险（失业保险、养老保险、医疗保险等），建立了针对农村居民的农业合作保险体系（即新农合），一定程度上完善了居民的生存保障性问题。而新型城镇化更着重追求农业现代化和新农村建设，以提高中小城市对人口的吸引能力和解决农民进城以后的社会保障福利。因此，农民工在城镇落户与否，能够享有与城镇原著居民相同的社会保障及福利，将对农村劳动力半永久性转移和永久性转移起到积极促进作用。结合前文分析，本书对新型城镇化背景下社会保障体系建设做如下建议：

一是制定有关农民工社会保障方面的法律和法规。充分发挥社会保险法法律主体地位，大力推动发展社会救济法、社会福利法等社会保障法规体系。进一步强化农民工工资发放的法律保障。推动政府在失业、工伤等方面法律救助，给予转移农村劳动力在城镇工作的基本生活保障。

二是完善养老和医疗保险向农村转移劳动力全覆盖。鼓励农村转移劳动力就地缴纳城市社保。按时足额发放养老退休工资，保障退休人员和老年居民基本生活。给予与社保相关联的住房、教育等市民服务。为农村转移人口建立国家异地就医管理和费用结算城乡转移平台，为群众提供高效便利服务。夯实医保托底保障和精准扶贫的制度基础，通过加强基本医保、大病保险和医疗救助的有效衔接，实施综合保障，切实提高医疗保障水平，缓解困难人群的重特大疾病风险。避免转移农村劳动力因病返贫而不得不返回农村的情况出现。

三是完善失业、工伤保险制度对维护失业人员和工伤人员的基本权益保障。发挥失业保险对农村转移劳动力的保障兜底机制作用，放宽申领条件，落实稳岗补贴、技能提升补贴政策。积极实施工伤保险基金省级统筹，全面推开工伤预防工作，促进待遇调整机制科学化、规范化。以完善的失业、工伤保险制度增强转移劳动力的城镇归属感，降低农地在其生活状况恶化时的保障作用。

三、推动利于农村劳动力永久性转移的户籍制度改革

户籍转变是农村劳动力转移进入城镇即"永久性转移"的核心标志。城乡二元的户籍制度对城市人口和农村人口进行了严格的区别对待，构成了中国二元社会结构的制度基础。与城市户籍挂钩的住房、医疗、教育等资源的制度约束，导致户籍制度一直是农村劳动力转移的核心影响因素。

2014 年 7 月，国务院发布《关于进一步推进户籍制度改革的意见》，首次提出"取消农业户籍、非农业户籍性质及其衍生的蓝印户籍，统一登记为居民户口。"这意味着我国不再按户籍性质统计农业人口和非农业人口，而是按照户籍所在地的城乡区域属性对城乡户籍人口进行分类统计。截至 2019 年底，共有 29 个省、自治区、直辖市出台了《户籍制度改革实施方案》，提出取消农业户籍和非农业户籍的区别，建立城乡统一的户籍制度。目前实质上消除城乡二元户籍制度时机还不成熟。

四、完善"三农"扶持政策，增加农村劳动力永久性转移的积累性资产

总体来说，中国的现代化道路必然伴随着大量农村人口向城镇转移，而减少农民数量不代表放弃农村，放弃农业。近年来，中国不断加大对"三农"的扶持力度，启动实施精准扶贫、乡村振兴等国家战略，成功地实现了落后地区农村居民的脱贫致富，城乡差距不断缩小的同时，进一步扩大了农村消费市场。

对于农村劳动力的永久转移，城乡差距的缩小有两个功能：一是降低永久转移意愿；二是增加农村家庭的收入和财富，为积累持久的财富奠定基础。如果仅仅把人口留在农村或降低贫困率，则对中国现代化道路的贡献相对有限。只有在改善农村条件、大幅增加农业产量、增加农民收入的背景下，推动农业人口向城镇转移，促进新型城镇化协调发展，中国才能真正进入现代化阶段，实现工业化和信息化，实现城乡一体化。

当农村和农民真正富裕起来后，选择留在农村还是进城，是自由流动的选择。市场经济条件下，劳动力要素的自由流动是实现要素资源优化配置的重要条件。换言之，无论是农村，还是城市的选择，农村劳动力选择都是帕累托最优。此外，根据第五章的回归分析，农村劳动力积累资产对冲抵永久性转移成本具有显著的边际效应。通过扶持"三农"，增加农民家庭的积累资产，越来越多的农村富裕家庭选择进入城镇生活，即实现了永久性转移。因此，完善"三农"扶持政策，加强对"三农"的支持，是促进农村劳动力永久转移的重要措施之一。

第二节 加大有利于农村劳动力转移的要素投入力度

我国农村劳动力转移呈现出临时性、半永久性和永久性三种模式。不同的传输模式受不同约束条件的影响。本书着力解决相关制约因素，有序推进新型城镇化建设。结合我国农村劳动力转移的现状和模式研究，建议我国政府从小城镇建设、农业技术研发、加大农村教育投入等方面加大要素投入力度。

一、推动中心城市和特色城镇差异化发展

新型城镇化要求大中小城市和谐共生，以中心城市为经济增长极，发展周边特色小城镇，根据不同地区禀赋资源，推动产业有序分布。相应地，根据农村劳动力转移的不同匹配条件，中心城市和特色城镇应共同成为对农村劳动力转移的不同支撑，中心城市和特色城镇在形成城镇对农村劳动力转移的"拉力"方面具有不同的作用。

（一）科学规划城镇空间布局

统筹中心城市和城镇协调发展，形成农村劳动力在中心城市—小城市—特色城镇阶梯式有序转移。根据经济基础、产业布局等，形成不同发展模式相结合的城镇发展思路。加强中心城市建设发展，努力打造一批具有特色的新型城镇，共同吸纳农村转移人口。加大城市建设规划力度，坚持城乡规划有机衔接，科学预测人口转移过程，全面、精准的规划有利于提升城镇建设质量。进一步提高大城市管理水平，严格执行规划，定期开展规划评估。树立低碳城市、智慧城市等新发展理念，推动中心城市集约发展。优化城市形态，妥善处理新区发展与老城区改造的关系，建立新老城区联动机制，促进互动发展。突出历史文化，保持传统风貌特色，科学规划、培育发展若干特色小镇。推动特色小镇与特色产业相结合，在发展特色产业基础上逐步吸纳转移农村劳动人口。

（二）推进中心城市资源高效配置

要创新体制机制，合理高效配置资源，推动资本、人口、技术等资源要素向中心城市集聚。大力发展城市轻工业，配套生产性服务业、生活服务业，吸引农村劳动人口向大城市转移。进一步加强城市户籍制度改革，畅通农村劳动力永久性转移通道。为农村转移人口提供在职学历教育、职业教育等就业技能

培训，提升农村转移劳动者素质，进一步提升农村人口向大城市转移户籍的能力。同时，按照常住人口配置城市基本公共服务，帮助半永久性转移者解决住房、社会保障、子女教育等一系列问题，让转移农村劳动力与城市居民享受同等的待遇。推进城市老城区、城中村改造，以棚户区、城中村、老商业街区为重点，完善基础设施和服务功能，改善人居环境，科学引导城市功能有机疏散，缓解中心城区交通和环境压力。

（三）增强特色城镇公共设施承受能力

小城镇建设和发展对提升城市对农村劳动力就地转移的吸纳能力具有重要作用。特色城镇的特点一般是集聚当地的优势资源，形成对周边农村的直接吸附力。部分农村转移人口由于家庭等原因，不愿意离开故乡前往中心城市就业，大多数会优先选择转移至当地小城镇。因此，在发展城市和农村的同时，也应注意发展特色城镇。

（1）努力改善链接城市—特色城镇—农村的交通基础设施。优化城镇路网结构，提升特色城镇的道路建设标准和水平，改善交通条件。建设类似于美国的小城镇，鼓励农村人口在附近特色城镇就地转移，提升转移效率。

（2）发展与当地优势匹配的特色产业。依靠当地传统优势产业，发展匹配当地产业基础的特色产业，形成对附近农村转移人口的吸附力。

（3）完善小镇的教育、卫生、社会保障、住房、文化等公共服务供给。按照与人口配套发展、满足常住人口的需求为前提，大力提升公共服务供给能力，在满足需求基础上进一步提升公共服务配套水平。改革一些特大型城镇，提高其公共服务能力。

（4）提升特色城镇的城市建设水平。规划建设特色城镇新片区、新县城、新产业集聚区。提高特色城镇的综合承载力，重点加强特色城镇环境、给排水、垃圾收集等薄弱环节的设施建设。

二、提升农业技术研发投入，进一步解放农业劳动人口

农业技术进步迅速提升了农村人均产值，极大地促进了农村劳动力的解放。加强农业技术投入，促进农业现代化，一方面将释放城镇化需要的建设用地，另一方面将释放附着在土地上的劳动力。在保障粮食安全和农业产值的情况下，应努力提高农业组织化程度，提高农业规模经营程度，加快农业装备研发，加强农村市场体系建设。在大力提高农业现代化水平基础上，才能有序推进城镇

化进程。

（1）大力支持关于农业的基础性科技研发。充分发挥高校、研究院等专业力量，瞄准前沿农业科技，推动对农业新技术、新领域、新方向的研究。统筹设立农业科技成果基金、重大农业科技发展项目。

（2）注重科技成果转化和推广。提高社会对农业科技产业化的投入水平，用于农业新产品、新技术的研究和推广。把先进育种等农业科技类企业作为国家高新技术企业予以认定。注重对农业技术研发的知识产权保护。设立农业科技产业化专项基金，促进更多的企业等社会资金投资农业科技领域，逐步提高对经营农业科技机构的资金帮扶水平。对于联合农户进行产业化的企业给予税收优惠政策。

（3）积极鼓励和引导各类资金对农业技术的投入。鼓励金融机构、企业和个人投资农业科技，运用多种融资渠道筹集资金，用于农业科技创新和推广。发挥国有资本引导作用，提升国有企业参与农业项目的积极性，发挥国有企业在保障粮食安全中的作用。

三、增加农村教育投入力度，提升农村劳动力转移能力

通过第七～第九章的研究，农村劳动力的受教育程度始终是其迁移的核心驱动因素。提高农民工素质可以增加农民收入，促进劳动力向城镇转移，缩小城乡居民收入差距，促进城镇化发展，因此，提高农村劳动力素质显得尤为重要。具体措施主要从两个方面进行阐述。

（1）加强农村基础教育。加大农村九年义务教育投入，加大农村青少年人口综合素质教育投入。政府应设立农村教育发展专项资金，对农村基础教育与城市教育间差距进行补贴，为城镇化建设储备大量的有生力量。大力鼓励通过农村青少年通过接受高等教育、赴城市上大学等方式向城市进行永久性转移。

（2）加强农业人口就业技能培训。①加大对农民的农业生产技能培训。开展先进农业生产技术培训，鼓励农民提升农业生产效率，大力推动农业、农村、农民现代化进程。②通过市场化培训机构，向待转移农村劳动力了解企业的用工信息。③根据市场需求进行对农民工进行有针对性的技能培训，推动有意向的农民工向城市转移。

（3）大力开展农村成人教育。政府必须认识到技能和知识是相辅相成的，鼓励成立农村成人教育机构，为转移工人提供定期和有组织的培训。

四、完善农村普惠金融政策，增强劳动力转移的资本供给

在第七章中，我们发现，通货膨胀通过影响价格对农村劳动力暂时性转移具有正向影响。因此，加大金融普惠力度，尤其是金融机构服务农村向城市转移人口的力度，对促进农村劳动力暂时性转移与永久性转移具有促进意义。

（1）加大对农村转移人口的金融政策扶持力度。大力谋划与新型城镇化匹配的金融政策，加大金融对城镇化进程的影响力度。进一步统筹考虑金融信贷对农村转移人口的影响。从顶层设计角度，出台支持农村转移人口相匹配的金融政策，包括农村助学贷款政策、农村劳动力转移城镇创业贷款政策、农村转移人口城镇住房贷款政策等。

（2）大力提升农业转移人口这一特殊群体的金融便利性。给予转移农村劳动力提供成本低廉的金融服务，加大农业转移人口金融知识的普及力度，落实农业转移人口普惠性金融政策，授权农民进入城市金融网点。对农民工贷款、汇款、存款等各类业务办理提供便利，包括利息、手续费等。

（3）要加强对农业转移人口中民营企业和个体工商户的小额金融服务。商业银行可以创新发展针对农业转移人口的创新金融资金和信贷资金服务，开发针对农村转移人口的个人综合贷款、循环贷款等金融产品。以大型农业设备、农村耕地及宅基地使用权为抵押，发放小额低息贷款，满足农业转移人口进入城市生产、生活的融资需求。

第三节　打造支撑农村劳动力转移的产业土壤

从空间形态上看，农村劳动力转移有两种转移方式：一是农村劳动力"就地"转移，即在户籍地发生户籍性质转移，本质上要求人口转化当地有产业承载力；二是农村劳动力"异地"转移，即在户籍地外发生户籍性质转换，本质上要求人口迁入地有城市承载力。从城市环境承载能力、社会文化容纳便利程度等方面看，"就地"转移方式对农村人口的吸纳能力更大一些。新型城镇化背景下农村劳动力转移不是简单进行"户籍城镇化""土地城镇化"，需有产业力量支撑吸纳的"融入式城镇化"。

在"就地"转移方面，产业发展层面建议，可遵循"内生外引"的思路来

引导产业吸纳农村劳动力，实现真实劳动力转移。"内生"指的是利用农村、农业、农民自身内在生产生活系统延展农业产业链、设置特色资源产业项目，挖掘产业潜力吸纳农村劳动力，实现"就地"劳动力转移。"外引"指的是对接节点城市群，引导产业转移，扩大本地产业容量，增强产业吸纳农村劳动力的能力。农村劳动力"就地"转移本质上是通过升级当地产业、集约化农业用地、规模化城镇生产生活范围、增加农村家庭累计资本，进而激活农业劳动力转移。

在农村劳动力"异地"转移方面，在产业层面，主要是扩大劳动力迁入地产业承载力，提高服务产业容量，顺畅产业劳动力供给和需求对接渠道。"异地"转移本质上是异地产业吸引劳动力的过程，当异地产业给予劳动力的收益远高于其在农村获得的收益时，农村劳动力便倾向于发生转移。在社会文化层面，要增强移民文化宣传，摒弃户籍地域歧视文化，树立"新市民"融入观念。

一、对接区域节点城市群，引导农村劳动力随产业发展转移

根据前文第九章的回归分析可知，农村劳动力的工资性收入对永久性转移的成本支出具有比较明显的边际效应。为了促进农村劳动力永久性转移，应该大力发展劳动密集型产业，提升农村转移劳动力的工资性收入，为农村劳动力增强永久性转移所需的成本支付能力。随着城市地租水平和物价水平的不断上涨，区域节点城市群内核心城市的产业资源（尤其是第二产业）有外溢趋势。在此情况下，对接区域节点城市群，根据当地内在资源禀赋，制定产业落地引导政策，通过降地价、降税收、增优惠、增便利等方式引导产业落地。在产业性质上，中西部地区以引导劳动密集型产业为主。由于劳动密集型产业一般对其他产业条件要求不高，因此，我国中西部多数地区都可以承接劳动密集型产业，可以结合交通运输便利、农村劳动力输出地等特点，针对性地承接和发展劳动密集型转移产业。

产业支撑是农村劳动力转移的最大支撑，失去产业支撑，农村劳动力转移将无从谈起。近年来，我国劳动密集型产业由于贸易战、国内外经济下行、成本上升等原因，经营比较困难。同时，随着我国发展阶段的提升，劳动密集型产业在国际上的竞争能力日趋弱化，值得特别关注。本书认为，延长劳动密集型产业在我国的生命周期，进一步释放"人口红利"，是中国现阶段面临的一个重要课题。

对于处在节点城市群边缘的东部发达地区农村，由于经济实力和基础设施较好，城市与农村的收益"剪刀差"较小以及可享受核心城市群功能外溢等福

利，农村户籍人员的转移性意愿相对较小。在该地区应发挥地缘优势，大力对接和发展新兴产业，通过产业升级，合理规划转化集体建设用地，吸纳劳动就业人口，促进农村劳动力的"就地"转移。在此过程中，通过搭建和发挥地租、税收、产业补贴、人口就业补贴等政策优势，实现新兴产业的良性发展和吸纳农村劳动人口能力的功能。

二、升级拓展农业全产业链，吸附农村转移劳动力

通过全农业产业链升级拓展，推动简单农业与食品加工制造业升级结合，推动农业向商业化经营模式转变，吸纳农村转移劳动力人口。

（1）以优势农产品区为依托，在当地打造食品加工产业集群。引导农产品、食品加工企业向主产区、优势产区和产业园区集中，推动各地立足资源优势，打造特色农业全产业链。

（2）发展农村电子商务。依托农产品流通网络大力发展产品扶贫、消费扶贫，推动农村产品到城市餐桌"点对点"拓展。下沉开发农村市场，扩大农村电子商务覆盖面，支持供销合作社、邮政快递企业等延伸农村物流服务网络，加强村级电子商务服务站建设。

（3）开发农村"农家乐"等乡村旅游产品。通过拓展产业链，放大土地资源杠杆，在农村内生产业升级，吸纳农村劳动力，逐步构筑由"土地养人"到"产业养人"的模式，进而带动农村劳动力就地转移。在此过程中，地方政府要培育发展商业契约文化精神，重视合同履约，促进农业产业链的良性发展。

三、推动特色资源产业化，转变生产生活模式

在具有特色乡土文化、较好自然生态环境、特色农产品等旅游资源的农村地区，可利用禀赋优势实现"特色资源产业化"。一方面，使农村劳动力增加累计资本，为身份转移奠定基础；另一方面，培育商业服务文化，为当地城镇生活培育市民文化。

在利用特色资源产业化时，需重点关注以下方面：

（1）制定政策行业服务标准并加强监管。农村旅游产业属于服务业，根植于游客流量和口碑，打造当地产业调性和服务体验是重中之重。

（2）出台保护特色资源政策，实现资源的可持续利用和发展。

（3）加强人才建设，一方面，引入专业运营人才对特色资源潜力进行深度挖掘；另一方面，培养当地人才，实现运营的稳定性。

四、构建与产业发展协调融合的移民文化

文化因素是影响农村劳动力转移意愿的重要因素之一。随着产业升级更替，越来越多的农村劳动力转移进入城镇，将对塑造城镇新文化产生重要影响。包容、和谐的城镇移民文化有利于增强农村劳动力转移的意愿。

文化是区域内居民长期的教育、习俗、心态等逐步作用而形成的，可以通过宣传、教育、引导等进行改造。我国各地的文化中不乏地域歧视、阶层歧视、嫌贫爱富等不良因子，可以在宣传教育中增加农村劳动力永久性转移后的各种贡献、优秀事迹等宣传介绍，形成接纳、包容城市新移民的文化。

另外，作为城市新移民，农业转移人口要树立主人翁的心态，以就业为核心，积极参与工作单位、居住社区、同事朋友等组织的各种事务活动，拥抱城市文化，走向新生活，共同创造城市的共生、和谐文化。

第四节　小　结

进入新型城镇化建设与乡村振兴阶段，农村劳动力转移成为各级政府的一项重要任务，转移不再是简单的人口流动，而是以人为本的全面发展。那么，围绕人口转移而进行的修补式政策调整已不能满足新型城镇化建设的需要，从制度、投入及社会发展等多角度、全方位、体系化的出台政策建议显得异常必要。

基于这一需求，本章在前文规范与实证的分析基础上，对新型城镇化背景下农村劳动力转移建言献策。主要建议如下：

（1）完善农地的权属制度与流转机制；健全社会保障机制，弱化农地保障功能；推动利于农村劳动力迁移的户籍制度改革等一系列制度层面建议。

（2）推动中心城市和特色城镇差异化发展；增加农业技术投入与农村教育投入等要素投入层面的建议。

（3）从社会与产业发展层面，对城市群建设、产业转型及金融政策以及城市文化融入提出了一些针对性的建议。以期将理论成果用于现实转移指导，提升本书的社会实践价值。

第十一章

结　语

　　总体来看，中国农村劳动力转移仍然是一个无法回避的社会现实问题，全书在对国内外相关研究理论及文献回顾和中国农村劳动力转移历程归纳分析的基础上，利用中国特色社会主义市场经济理论、新古典经济理论和发展经济学理论等多种基础经济理论思想及研究方法，构建了关于农村劳动力暂时性、半永久性和永久性转移模式的一个理论研究框架与若干分析模型，对中国农村劳动力转移问题进行理论研究，并利用中国现实发展中的人口迁移数据对模型结论进行了实证检验。本章以前文理论探索与实证分析为基础，对全书研究结论进行了归纳与提炼，展望下一步研究的方向。

第一节　研究结论

　　鉴于对现有学术研究成果的回顾与评述，结合中国农村劳动力转移的现实基础，通过对农村劳动力暂时性转移、半永久性转移与永久性转移三种转移模式的深入研究和实证分析，本书得出了一些对新型城镇化建设与乡村战略实施具有现实指导意义的研究结论，具体归纳如下：

一、城乡收入差距是农村劳动力暂时性转移的主要动力

　　首先，本书通过对农村劳动力暂时性转移的驱动因素与制约因素进行研究，发现收入差距是影响劳动力暂时性转移的主要驱动因素。即城乡收入差距越大，在农村务农的机会成本越高，农民工越倾向于外出至城镇务工，获取城镇较高的工作收入，提高农村家庭生活质量。这部分农民通常教育程度较低，获得的

工资水平有限，同时比同样职位的拥有城镇户籍居民收入低；虽然工资不高[①]，但仍然高于在农村务农的收入水平，同时在农村有农村土地承包制度可作为基本生活保障，有经济兜底作用。所以，这部分外出城镇打工的农民是不愿意迁移户籍到城镇的。

二、健全的社会保障体系可有序地推动农村劳动力半永久性转移

社会保障体系是现代经济社会稳定发展的助推器和调节器。新中国成立以来，我国政府陆续以法律、法规和政策的形式，发布了基本的社会保障制度，初步形成了以社会保险、社会福利以及社会优抚的社会保障体系。其中，社会保险体系由城镇职工社会保险、城乡居民基本养老保险和基本医疗保险两层面组成。城镇职工社会保险目前不区分参保者的户籍性质：在城镇企业事业单位就业的人员直接参保；在城镇灵活就业人员，可通过办理居住证参保。从实质上看，半永久性人员参保城镇职工社保没有门槛，对于将半永久迁移人员转换为永久迁移人员有很大的助推作用。

城乡居民基本养老保险和基本医疗保险因涉及区域政府、集体补助问题，目前实行的是户籍地缴纳原则，暂时没有较好的接口统筹方式。因此，从保险使用后端角度看，尤其是城乡居民基本医疗保险（在农村为"新农合"）可进一步加快半永久性人员常驻异地备案使用的结算系统建设，完善基本医疗保险跨省异地就医医疗费用直接结算制度，做好社会保险关系转移接续，方便人口流动，解决半永久性人员看病、治病的后顾之忧。

在社会福利方面，主要表现为公共服务，例如子女教育福利、医疗保健福利、消费券福利、公租房福利、交通乘坐使用福利等，城市公共服务资源的分配和使用应从"户籍化"转化为"市民化"模式，本质上是城市公共服务资源的平权化过程。通过该过程进一步降低半永久性人员的融入成本，增强该部分人员的城市融入感。

健全社会保障体系，能够替代农村对土地保障的功能，降低半永久性转移居民对土地的依恋和转移成本，消除半永久性转移居民对未来生活的顾虑。只有这样，才能有序推动劳动力进行半永久性转移。

---

① 《2019年农民工监测调查报告》显示，农民工月均收入3 962元，比上年增加241元，增长6.5%。

三、深化户籍制度改革利于推进半永久性转移向永久性转移过渡

本书研究发现，农村劳动力半永久性转移这一客观存在形式，正越来越多地得到学术界及各级政府的重视。2020 年 4 月，国家发展和改革委员会发布《2020 年新型城镇化建设和城乡融合发展重点任务》，督促城区常住人口 300 万以下城市全面取消落户限制、推动城区常住人口 300 万以上城市基本取消重点人群落户限制①、促进农业转移人口等非户籍人口在城市便捷落户、推动城镇基本公共服务覆盖未落户常住人口、大力提升农业转移人口就业能力。

政府对农村劳动力半永久性转移特殊阶段的重视以及众多城市考虑经济发展，必须出台降低人口落户要求的政策措施，尤其是新型小城镇对农村劳动力落户的要求应不断地降低，以加快推动劳动力半永久性转移向永久性转移的过程。

四、教育投入是农村劳动力永久性转移的根本动力

结合本书第七～九章的研究不难发现，农村劳动力的受教育程度始终是其转移的推拉因素。提高劳动力转移人群的教育文化素质，相当于增强农村劳动力在城市就业的能力，其永久性迁移的能力亦随之提高。提升教育投入力度相关效应主要表现在以下方面：

（1）农村教育对农村劳动力转移形成显著制约。当前，我国农村地区教育经费受制于当地经济社会发展情况，农村地区的教育条件与城市比较相对紧张、办学条件相对落后、师资人才不足，加重了农村居民对教育重视程度的漠视，再加上农村地区特别是落后贫困的农村地区的基础教育本就十分薄弱，这一系列的影响严重限制了我国农村劳动力整体文化素质的提升。

（2）加大教育投入是农村劳动力由暂时性转移向半永久性转移过渡，由半永久性转移向永久性转移的过渡影响正相关。教育投入是农村劳动力永久性转移的关键性影响因素。从当前中国的政策形式看，农村劳动力获取城镇户籍的最有利方式即为接受高等教育，而教育投入的增加是当前我国农村劳动力获取高等教育机会的主要驱动。因此，加大教育投入尤其农村教育投入将成为中国农村劳动力永久性转移的有效途径。

---

① 督促除个别超大城市外的其他超大特大城市和Ⅰ型大城市坚持存量优先原则，取消进城就业生活 5 年以上和举家迁徙的农业转移人口、在城镇稳定就业生活的新生代农民工、农村学生升学和参军进城的人口等重点人群落户限制。

（3）由前文分析可知，教育对农村劳动力不同阶段的转移均有影响。教育因素对个体的转移选择、转移条件、转移渠道都有显著影响。且普遍地，教育程度越高，无论从事农业或是第二、第三产业，收入回报一般越高。当整个社会的受教育程度提高后，社会整体的劳动生产率也会极大提高，对于我国经济社会发展具有积极意义。

第二节　探索展望

根据本书第七～第九章理论与实证分析，中国农村劳动力在收入差距、利益最大化选择和教育水平提升等因素驱动下，通过暂时性转移、半永久性转移和永久性转移三种模式逐步由农村向城镇进行梯度转移。沿着这一探索思路，可对许多有关农村劳动力转移的问题做出进一步的探讨，也构成了未来深化研究的基础方向。

一、农村劳动人口迁移理论的进一步探索

由于是应用经济学领域的一项成果，本书主要在中国特色社会主义市场经济理论、新古典经济理论和发展经济理论框架下研究中国农村劳动力转移模式问题。农村劳动力转移问题是个复杂的社会问题，仅仅从转移模式这一维度很难完全解释农村劳动力转移的动因、影响及问题。在我国开展乡村振兴战略的背景下，相关问题还需要从政治学、社会学及行为经济学等更广泛的学科角度进行深入的研究，相关理论存在进一步探索的空间。

二、各理论模型假设前提可适当放宽

本书构建的几个理论模型中，对市场参与主体均进行了完全理性的假设，但由于信息不完全或参与主体能力的局限，这种假设并不完全准确，那么，在假设条件放宽时，本书研究存在深化的可能。在暂时性转移分析中，农村劳动力暂时性转移更多地受个体能力制约，很多转移者文化素质较低，无法以完全理性的思维做出自己转移的决策；在半永久性转移分析中，个人收益最大化本身受到转移者理性分析的约束。此外，教育投入问题更多地取决于政府或执政者的态度，而不是农村劳动者个体所能决定的。换言之，农村劳动力的永久性

转移不取决于转移者个人的意愿。

三、转移模式的研究存在继续扩展的空间

首先，三种转移模式的研究基本都聚焦于影响因素方面，研究内容单一，存在扩展的空间。如前所述，农村劳动力转移是一个综合性的社会问题，仅通过转移影响因素的分析对转移模式进行研究，对农村劳动力转移问题的探索远远不够。在新型城镇化背景下，基于三种转移模式的转移现状分析以及转移模式变化的影响分析，成为未来研究的一个重要方向。同时，不同转移模式对社会影响的分析也是未来研究的一个探索点。

其次，中国全面建成小康社会并进入社会主义现代化建设新阶段以后，伴随着乡村振兴战略的实施，农村剩余劳动力的潜在规模以及转移模式的分析与预测将成为后续研究的一个重点。

四、问卷调查的方法与范围可进一步放大

第五章是对理论模型结论进行检验。笔者对农村劳动力转移数据进行了随机调查问卷，获得了大量的基础样本数据，但受制于研究能力与时间，数据样本略显不足。同时，随机抽样的调查方法同样存在一定的问题，容易导致统计学误差，引起学术质疑。本书利用国家卫生健康委员会发布的中国流动人口动态监测调查数据做了一定的补充验证，相关结论的论据得到了强化。后续可通过扩展数据调查样本和据点方式，进一步增强数据与研究内容的适配性。

五、实证部分存在优化的空间

本书基于现实数据做了大量的实证分析，但由于研究牵涉到太多的理论推导和变量计算，而一些变量由于数据难以取得或收集不全，实证分析并不完善，不得已，部分模型利用替代定理或替代变量对相关问题进行实证分析。此外，在实证过程中，为简化分析，在部分变量的选择上进行主成分分析，去除一些变量，显得相对主观。考虑数据的持续收集更新和理论的反复推演，以进一步检验本书所建立的理论模型的正确性和适用性，必将是一个持续研究的课题。

第三节　结束语

近年来，中国"人口红利"是否消失成为理论界不断讨论的热点话题。中国经济能否持续增长决定着中国的未来，而通过本书分析可知，中国农村劳动人口转移的成败一定程度上决定着中国经济能否持续快速增长，决定着中国社会的未来。随着中国经济的持续发展，中国农村人口城镇化与城镇化建设进程取得了显著的成绩，广大农村为经济持续发展提供劳动力基础的同时也提供了更为广阔的市场。然而，在新型城镇化背景下，如何进一步推进人口城镇化进程，是什么力量驱动农村劳动力进入城镇长期工作生活，农村人将户籍迁入城镇是否就完成了城镇化，等等，这一系列问题都有待学术界探讨与回答。

大量的学术成果对此类问题进行了研究，一些学者对农村劳动力转移进行描述性分析，并提出了一些政策建议；另外一些学者则针对转移的某一种特殊模式进行深入的探讨，试图通过对永久性或暂时性转移的分析解决全部问题。以现有文献看，尚未有学者针对中国农村劳动力转移的模式问题进行系统研究，而相应的研究成果所给出的政策建议，也与中国农村劳动力转移的实际情况存在一些出入，现实指导意义不足。

出于弥补这一研究缺憾的动机，本书从应用经济学理论视角，在融汇"推拉理论"与"二元经济理论"的基础上，构建了从暂时性转移分析至半永久性转移，再至永久性转移研究的基础研究框架体系，对农村劳动力转移递进模式的驱动因素、制约因素及其影响进行研究，得出了本书的一系列研究结论。作为对已有相关研究成果的探索与补充，以对中国正在推进的新型城镇化建设发挥现实的指导价值。同时，本书部分核心内容作为学术研究成果已公开发表在一些知名学术期刊，成为本书写作和深入进行理论探索的基础。

对于与中国农村劳动力三大转移模式相关的诸多问题，本书都进行了努力探索，但囿于笔者水平有限以及相关资料和经济数据的欠缺，文中仍有许多不足之处有待深化，敬请各位专家学者不吝赐教！当然，笔者对新型城镇化背景下农村劳动力转移模式相关问题的研究还远没有结束，笔者将筚路蓝缕，砥砺前行，继续将社会主义建设新时期中国农村劳动力转移的研究写在脚下，写在田野，写在祖国广袤的大地上。

附录一: 1949~2020 年中国人口城镇化相关数据

附表 1　　　　　　　　　　　1949~2020 年中国人口城镇化相关数据

年份	全国总人口（万人）	城镇常住人口（万人）	新增城镇人口（万人）	常住人口城镇化率（%）	增长率（%）
1949	54 167	5 765	—	10.64	—
1950	55 196	6 169	404	11.18	5.01
1951	56 300	6 632	463	11.78	5.40
1952	57 482	7 163	531	12.46	5.79
1953	58 796	7 826	663	13.31	6.81
1954	60 266	8 249	423	13.69	2.83
1955	61 465	8 285	36	13.48	−1.52
1956	62 828	9 185	900	14.62	8.46
1957	64 653	9 949	764	15.39	5.26
1958	65 994	10 721	772	16.25	5.57
1959	67 207	12 371	1 650	18.41	13.31
1960	66 207	13 073	702	19.75	7.27
1961	65 859	12 707	−366	19.29	−2.29
1962	67 296	11 659	−1 048	17.32	−10.21
1963	69 172	11 646	−13	16.84	−2.82
1964	70 499	12 950	1 304	18.37	9.10
1965	72 538	13 045	95	17.98	−2.10

年份	全国总人口 （万人）	城镇常住人口 （万人）	新增城镇人口 （万人）	常住人口 城镇化率（%）	增长率 （%）
1966	74 542	13 313	268	17.86	-0.69
1967	76 368	13 548	235	17.74	-0.67
1968	78 534	13 838	290	17.62	-0.68
1969	80 671	14 117	279	17.50	-0.69
1970	82 992	14 424	307	17.38	-0.68
1971	85 229	14 711	287	17.26	-0.69
1972	87 177	14 935	224	17.13	-0.75
1973	89 211	15 345	410	17.20	0.40
1974	90 859	15 595	250	17.16	-0.21
1975	92 420	16 030	435	17.34	1.05
1976	93 717	16 341	311	17.44	0.53
1977	94 974	16 669	328	17.55	0.66
1978	96 259	17 245	576	17.92	2.07
1979	97 542	18 495	1 250	18.96	5.84
1980	98 705	19 140	645	19.39	2.27
1981	100 072	20 171	1 031	20.16	3.95
1982	101 654	21 480	1 309	21.13	4.83
1983	103 008	22 274	794	21.62	2.33
1984	104 357	24 017	1 743	23.01	6.43
1985	105 851	25 094	1 077	23.71	3.01
1986	107 507	26 366	1 272	24.52	3.45
1987	109 300	27 674	1 308	25.32	3.24
1988	111 026	28 661	987	25.81	1.96
1989	112 704	29 540	879	26.21	1.53
1990	114 333	30 195	655	26.41	0.76
1991	115 823	31 203	1 008	26.94	2.01
1992	117 171	32 175	972	27.46	1.93
1993	118 517	33 173	998	27.99	1.93
1994	119 850	34 169	996	28.51	1.86

年份	全国总人口（万人）	城镇常住人口（万人）	新增城镇人口（万人）	常住人口城镇化率（%）	增长率（%）
1995	121 121	35 174	1 005	29.04	1.86
1996	122 389	37 304	2 130	30.48	4.96
1997	123 626	39 449	2 145	31.91	4.69
1998	124 761	41 608	2 159	33.35	4.51
1999	125 786	43 748	2 140	34.78	4.29
2000	126 743	45 906	2 158	36.22	4.14
2001	127 627	48 064	2 158	37.66	3.98
2002	128 453	50 212	2 148	39.09	3.80
2003	129 227	52 376	2 164	40.53	3.68
2004	129 988	54 283	1 907	41.76	3.03
2005	130 756	56 212	1 929	42.99	2.95
2006	131 448	58 288	2 076	44.34	3.15
2007	132 129	60 633	2 345	45.89	3.49
2008	132 802	62 403	1 770	46.99	2.40
2009	133 450	64 512	2 109	48.34	2.88
2010	134 091	66 978	2 466	49.95	3.33
2011	134 735	69 079	2 101	51.27	2.64
2012	135 404	71 182	2 103	52.57	2.54
2013	136 072	73 111	1 929	53.73	2.21
2014	136 782	74 916	1 805	54.77	1.94
2015	137 462	77 116	2 200	56.10	2.43
2016	138 271	79 298	2 182	57.35	2.23
2017	139 008	81 347	2 049	58.52	2.04
2018	139 538	83 137	1 790	59.58	1.81
2019	140 005	84 843	1 706	60.60	1.71
2020	141 178	90 199	—	63.89	—

注：数据来源于历年《中国统计年鉴》与《中国农村统计年鉴》，其中，2020 年数据来源于国家统计局网站。

附录二：中国农村劳动力转移相关政策

附表 2　　　　　　　　　　中国农村劳动力转移相关政策

年份	重要会议	主要政策及内容
1953	—	为了制止农民盲目流入城市，中央人民政府政务院颁布的《劝止农民盲目流入城市的指示》，特作七条指示要求各省、市人民政府督促有关单位切实负责执行
1958	—	《中华人民共和国户口登记条例》第十条提出"公民由农村迁往城市，必须持有城市劳动部门的录用证明，学校的录取证明，或者城市户口登记机关的准予迁入的证明，向常住地户口登记机关申请办理迁出手续。"
1958	—	《中共中央关于在农村建立人民公社问题的决议》指出"人民公社是形势发展的必然趋势""大规模的农田基本建设和先进的农业技术措施，要求投入更多的劳动力""把农民引向了更幸福的集体生活，进一步培养和锻炼着农民群众的集体主义思想"等，由此固定农村劳动力，形成了城乡分割的二元劳动力市场
1978	十一届三中全会	提出农林牧副渔并举和"以粮食为纲，全面发展，因地制宜，适当集中"的方针
1979	中央工作会议	提出"目前全国全民所有制单位在计划外使用的农村劳动力有500万人，要做好细致的工作，把这部分人动员回农村，改变大批农村劳动力进城，而城镇又有大量人员待业的不合理现象，今后不经过国家劳动总局批准，不准从农民中招工"
1981	—	中共中央、国务院《关于广开门路，搞活经济，解决城镇就业问题的若干决定》提出"严格控制农村劳动力流入城镇。对农村多余劳动力，要通过发展多种经营和兴办社队企业，就地适当安置，不使其涌入城镇。根据目前我国的经济情况，对于农村人口、劳动力迁进城镇，应当按照政策从严掌握"。符合政策循序渐进的要求，限制农村剩余劳动力向城镇流入，农村内部分流
1984	—	中央一号文件《关于一九八四年农村工作的通知》"允许农民和集体的资金自由地或有组织地流动，不受地区限制。鼓励农民向各种企业投资入股；鼓励集体和农民本着自愿互利的原则，将资金集中起来，联合兴办各种企业，尤其要支持兴办开发性事业。国家保护投资者的合法权益。"
1992	—	《中共中央关于加强农村基层组织建设的通知》指出"要有计划地组织农村劳动力，投入农田基本建设，发展二、三产业，建设小城镇。"

年份	重要会议	主要政策及内容
1998	十五届三中全会	提出"大力发展乡镇企业，多渠道转移农业富余劳动力。立足农村，向生产的深度和广度进军，发展二、三产业，建设小城镇"。
2000	—	《中共中央、国务院关于促进小城镇健康发展的若干意见》提出"发展小城镇，可以加快农业富余劳动力的转移，是提高农业劳动生产率和综合经济效益的重要途径，可以促进乡镇企业适当集中和结构调整，带动农村第三产业特别是服务业的迅速发展，为农民创造更多的就业岗位。"
2003		中国政府颁布《做好农民进城务工就业管理与服务工作的通知》提出了6项解决推动农民进城务工管理与服务工作的措施
2003	—	国务院《工伤保险条例》第二条"中华人民共和国境内的各类企业、有雇工的个体工商户（以下称用人单位）应当依照本条例规定参加工伤保险，为本单位全部职工或者雇工（以下称职工）缴纳工伤保险费。中华人民共和国境内的各类企业的职工和个体工商户的雇工，均有依照本条例的规定享受工伤保险待遇的权利"，第一次把农民归入社保范围
2006	—	中央一号文件《中共中央关于制定国民经济和社会发展第十一个五年规划的建议》提出：各级党委和政府必须按照党的十六届五中全会的战略部署，始终把"三农"工作放在重中之重，切实把建设社会主义新农村的各项任务落到实处，加快农村全面小康和现代化建设步伐。政府关注实现农村剩余劳动力融入城市
2010	—	国务院颁布了《中共中央、国务院关于加大统筹城乡发展力度，进一步夯实农业农村发展基础的若干意见》，指出要"着力采取有针对性的措施，解决新生代农民工问题。"
2014	—	《国家新型城镇化规划（2014~2020年）》第六、第七、第八章明确提出推进符合条件农业转移人口落户城镇、推进农业转移人口享有城镇基本公共服务、建立健全农业转移人口市民化推进机制等
2016	—	《关于深入推进新型城镇化建设的若干意见》提出"加快落实户籍制度改革政策、全面实行居住证制度、推进城镇基本公共服务常住人口全覆盖、加快建立农业转移人口市民化激励机制"等推进农业转移人口市民化的要求
2019	—	《2019年新型城镇化建设重点任务》，提出了深化户籍制度改革、促进大中小城市协调发展等任务

附录三：中国农村劳动力暂时性转移数据

附表 3　中国农村劳动力暂时性转移数据

年份	城镇就业人员（万人）	城镇社会养老保险参保人数	城镇居民人均收入（元）	农村居民人均收入（元）	居民消费价格指数（1978=100）	农业总产值（亿元）	农业增加值（亿元）	农业资本投入（亿元）	农业劳动投入（万人）	农业总产值（亿元）	耕地面积（千公顷）	不识字或识字很少数（%）	小学程度（%）	初中程度（%）	高中程度（%）	中专程度（%）	大专及以上（%）
1978	9 514	—	343.4	133.6	100	1 397	1 027.5	369.5	30 638	1 397	99 389.33	—	—	—	—	—	—
1979	9 999	—	405	160.2	101.9	1 697.6	1 270.2	427.4	31 025	1 697.6	99 498	—	—	—	—	—	—
1980	10 525	—	477.6	191.3	109.5	1 922.6	1 371.6	551	31 836	1 922.6	99 305.33	—	—	—	—	—	—
1981	11 053	—	500.4	223.4	112.2	2 180.62	1 559.5	621.12	32 672	2 180.62	99 037.33	—	—	—	—	—	—
1982	11 428	—	535.3	270.1	114.4	2 483.26	1 777.4	705.86	33 867	2 483.26	98 606	35.5	—	—	—	—	—
1983	11 746	—	564.6	309.8	116.7	2 750	1 978.4	771.6	34 690	2 750	98 359.33	35.5	36.13	22.37	5.72	0.22	0.05
1984	12 229	—	652.1	355.3	119.9	3 214.13	2 316.1	898.03	35 968	3 214.13	97 854	33.54	36.73	23.35	6.09	0.22	0.07
1985	12 808	—	739.1	397.6	131.1	3 619.5	2 564.4	1 055.1	37 065	3 619.5	96 846	27.87	37.13	27.69	6.96	0.29	0.06
1986	13 292	—	900.9	423.8	139.6	4 013.01	2 788.7	1 224.31	37 990	4 013.01	96 230	26.14	38.02	28.58	6.87	0.33	0.06
1987	13 783	—	1 002.1	462.6	149.8	4 675.7	3 233	1 442.7	39 000	4 675.7	95 888.67	24.99	38.4	29.39	6.79	0.37	0.06
1988	14 267	—	1 180.2	544.9	177.9	5 865.27	3 865.4	1 999.87	40 067	5 865.27	95 722	24.83	37.47	30.37	6.84	0.41	0.08
1989	14 390	5 023.6	1 373.9	601.5	209.9	6 534.73	4 265.9	2 268.83	40 939	6 534.73	95 656	22.57	38.67	31.41	6.81	0.45	0.09
1990	17 041	5 710.3	1 510.2	686.3	216.4	7 662.1	5 062	2 600.1	47 708	7 662.1	95 672.67	20.73	38.86	32.84	6.96	0.51	0.1
1991	17 465	6 166	1 700.6	708.6	223.8	8 157.03	5 342.2	2 814.83	48 026	8 157.03	95 653.33	16.91	39.54	35.23	7.6	0.59	0.13
1992	17 861	6 740.3	2 026.6	784	238.1	9 084.71	5 866.6	3 218.11	48 291	9 084.71	95 426	16.2	39.05	36.21	7.82	0.6	0.12
1993	18 262	9 456.2	2 577.4	921.6	273.1	10 995.53	6 963.8	4 031.73	48 546	10 995.53	95 101.33	15.29	38.21	37.43	8.2	0.7	0.17
1994	18 653	9 847.6	3 496.2	1 221	339	15 750.47	9 572.7	6 177.77	48 802	15 750.47	94 906.7	14.68	37.19	38.59	8.51	0.82	0.21
1995	19 040	10 573.5	4 283	1 577.7	396.9	20 340.9	12 135.8	8 205.1	49 025	20 340.9	94 970.9	13.47	36.62	40.1	8.61	0.96	0.24
1996	19 922	10 979	4 838.9	1 926.1	429.9	22 353.7	14 015.4	8 338.3	49 028	22 353.7	130 049	11.23	35.52	42.83	8.91	1.2	0.31

续表

年份	城镇就业人员（万人）	城镇社会养老保险参保人数（万人）	城镇居民人均收入（元）	农村居民人均收入（元）	居民消费价格指数（1978=100）	农业总产值（亿元）	农业增加值（亿元）	农业资本投入（亿元）	农业劳动投入（万人）	农业总产值（亿元）	耕地面积（千公顷）	不识字或识字很少数（%）	小学程度（%）	初中程度（%）	高中程度（%）	中专程度（%）	大专及以上（%）
1997	20 781	11 116.7	5 160.3	2 090.1	441.9	23 788.4	14 441.9	9 346.5	49 039	23 788.4	130 049	10.1	35.11	44.31	8.91	1.24	0.33
1998	21 616	11 203.9	5 425.1	2 162	438.4	24 541.9	14 817.6	9 724.3	49 021	24 541.9	130 049	9.56	34.48	44.98	9.15	1.46	0.37
1999	22 412	11 203.1	5 854	2 210.3	432.2	24 519.1	14 770	9 749.1	48 982	24 519.1	130 049	8.96	33.66	46.05	9.37	1.57	0.39
2000	23 151	12 485.4	6 255.7	2 282.1	434	24 915.8	14 944.7	9 971.1	48 934	24 915.8	130 040	8.09	32.22	48.07	9.31	1.83	0.48
2001	24 123	13 617.4	6 824	2 406.9	437	26 179.65	15 781.3	10 398.35	48 674	26 179.65	130 040	7.87	31.14	48.49	9.65	1.94	0.51
2002	25 159	14 182.5	7 652.4	2 528.9	433.5	27 390.8	16 537	10 853.8	48 121	27 390.8	130 040	7.69	30.63	49.33	9.81	2.09	0.56
2003	26 230	14 736.6	8 405.5	2 690.3	438.7	29 691.8	17 381.7	12 310.1	47 506	29 691.8	130 040	7.39	29.94	50.24	9.58	2.11	0.64
2004	27 293	15 506.7	9 334.8	3 026.6	455.8	36 238.99	21 412.7	14 826.29	46 971	36 238.99	130 039.2	7.46	29.2	50.38	10.05	2.13	0.77
2005	28 389	16 352.9	10 382.3	3 370.2	464	39 450.89	22 420	17 030.89	46 258	39 450.89	130 039.2	6.87	27.23	52.22	10.25	2.37	1.06
2006	29 630	17 487.9	11 619.7	3 731	471	40 810.83	24 040	16 770.83	45 348	40 810.83	130 039.2	6.65	26.37	52.81	10.52	2.4	1.25
2007	30 953	18 766.3	13 602.5	4 327	493.6	48 651.77	28 627	20 024.77	44 368	48 651.77	121 735.2	6.34	25.76	52.91	11.01	2.54	1.45
2008	32 103	20 136.9	15 549.4	4 998.8	522.7	57 420.77	33 702	23 718.77	43 461	57 420.77	121 720	6.15	25.3	52.81	11.4	2.66	1.68
2009	33 322	21 891.1	16 900.5	5 435.1	519	59 132.8	35 225.9	23 906.9	42 506	59 132.8	135 384.6	5.94	24.67	52.68	11.74	2.87	2.1
2010	34 687	23 549.9	18 779.1	6 272.4	536.1	67 763.13	40 533.6	27 229.53	41 418	67 763.13	135 268.3	5.73	24.44	52.44	12.05	2.93	2.41
2011	35 914	25 707.3	21 426.9	7 393.9	565	78 836.98	47 486.1	29 376.15	40 506	78 836.98	135 238.6	5.47	26.51	52.97	9.86	2.54	2.65
2012	37 102	28 391.3	24 126.7	8 389.3	579.7	86 342.15	56 966	31 350.88	39 602	86 342.15	135 158.4	5.3	26.07	53.03	10.01	2.66	2.63
2013	38 240	30 426.8	26 467	9 429.59	594.8	93 173.7	56 966	36 207.7	38 737	93 173.7	135 163.4	4.7	32.3	51	10.7	0	1.4
2014	39 310	32 218.4	28 843.85	10 488.88	606.7	97 822.51	60 158	37 664.51	77 253	97 822.51	135 057.3	4.4	31.8	51.5	10.9	0	1.4
2015	40 410	34 124.4	31 194.83	11 421.71	615.2	101 893.52	62 904.1	38 989.42	37 943	101 893.52	134 998.7	3.8	30.7	53.1	11.1	0	1.4
2016	41 428	35 361.2	33 616.25	12 363.41	627.5	106 478.73	65 967.9	40 510.83	37 041	106 478.73	134 920.9	3.3	29.9	54.6	10.7	0	1.4
2017	42 462	37 929.7	36 396.19	13 432.43	637.5	109 331.72	64 660	44 671.72	36 175	109 331.72	134 881.2	3.2	29.8	54.7	10.8	0	1.5
2018	43 419	40 293.3	39 251	14 617	650.9	113 579.53	64 745.2	—	35 178	113 579.53	—	—	—	—	—	—	—

注：①以"农林牧渔总产值"表示农业总产值；②以"农林牧渔业中间消耗"表示资本投入；③ 2006 年后以第一产业就业人数代表劳动力投入。

151

附录四：中国农村劳动力转移调查问卷

　　为研究中国农村人口迁移趋势，了解您目前所在城市的工作和生活条件、对未来工作和生活的打算，为农村劳动力转移政策制定提供参考，我们开展了这次调查。请您在百忙之中抽出宝贵时间填写调查问卷，十分感激！

　　填表说明：首先认真阅读调查问题，然后在"横线"上直接填写；选择题直接在答案文字上选择。我们将采用无记名调查问卷形式，您的信息不会泄露，仅供研究使用。

　　1. 您老家居住在 ＿＿＿＿＿ 省 ＿＿＿＿＿ 市，是居住在农村还是城镇？

A. 农村　　　　　　　　　　　　B. 城镇

　　2. 性别 ＿＿＿＿＿ 年龄 ＿＿＿＿＿

　　3. 您的文化程度？

A. 小学文化　　　　　　　　　　B. 初中文化

C. 高中文化（含中专文化）　　　D. 大学文化（含大专）

E. 研究生及以上

　　4. 您目前的户口是？

A. 农村户口　　　　　　　　　　B. 城镇户口

　　5. 单位 ＿＿＿＿＿ 工作岗位 ＿＿＿＿＿

　　6. 您离开农村在城市工作几年了？ ＿＿＿＿＿

　　7. 您以后还打算回农村生活吗？

A. 过几年赚点钱就回去　　　　　B. 等老了退休干不动再回去

C. 不想回去，想一直留在城市生活　D. 没想清楚，以后再看情况

　　8. 您外出工作，农忙季节还返家耕地吗？

A. 农忙回家　　　　　　　　　　B. 农忙不回家

　　9. 婚姻情况

□已婚　□未婚。若已婚，丈夫/妻子现在的工作是：

A. 与您一起在本地工作　　　　　B. 在其他城市工作

C. 在农村务农

　　10. 子女跟您一起在城市学习生活吗？

A. 孩子跟我一起在城市生活　　　B. 孩子在农村老家上学

C. 还没有生小孩

11. 你选择在城镇工作的主要动因有（可多选）：

A. 在城市工作比在农村收入高　　　B. 农村没有太多发展或致富机会

C. 农村精神生活太匮乏　　　　　　D. 外出开开眼界

E. 到外学点技术或才干　　　　　　F. 城镇生活方便，生活条件好

G. 向往、喜欢城镇的生活方式　　　H. 别人都外出，受大家影响

12. 到城镇工作，家里你最放心不下和让你最留恋的是（可多选）：

A. 党的脱贫攻坚政策　　　　　　　B. 农村承包地

C. 农村宅基地　　　　　　　　　　D. 家里有老人、孩子

E. 农村的亲邻乡情和生活习惯

13. 你到城镇工作最希望（可多选）：

A. 工作较稳定　　　　　　　　　　B. 有低价住房提供

C. 提供户口　　　　　　　　　　　D. 子女能跟着一起在城市上学

E. 提供城镇医疗、失业保险等社会保障　F. 其他

14. 您是如何进入城市工作的？

A. 在外上学以后就留在城市工作生活

B. 得到企业招聘信息以后来城市上班

C. 先来城市后找工作

D. 城中有亲戚、朋友、老乡带领介绍

E. 政府机构组织进城（乡、镇或县就业服务站）

F. 由民间中介机构组织进城　　　　G. 其他途径

15. 您在城市月收入多少？

A. 平均每月 3 000 元以内　　　　　B. 平均每月 3 001～5 000 元

C. 平均每月 5 001～8 000 元　　　　D. 平均每月 8 001～15 000 元

E. 更高

16. 单位是否为您购买了社保？

A. 是　　　　　　　　　　　　　　B. 否

17. 您在城市工作生活面临的主要困难有（可多选）？

A. 找工作困难　　　　　　　　　　B. 子女在城镇就学难

C. 工资较低或拖欠　　　　　　　　D. 生病就医困难

E. 失业或年老后没有经济来源　　　F. 受到歧视或人身伤害

G. 没有户口　　　　　　　　　　　H. 读书不够多，学历不高

I. 其他

附录五：中国农村劳动力永久性转移数据

附表 4　　　　　　中国农村劳动力永久性转移数据（2019 年）

省份/直辖市/自治区	城镇人口比例（%）	教育投入（亿元）	城乡收入差距（元）	农业技术进步	第二、第三产业增加值（亿元）	居民消费价格指数（%）	医疗卫生投入（亿元）	基础设施投入（亿元）	城镇社保参保率（%）
安徽	55.81	1 222.21	22 124.00	5 563.33	37 720.80	2.30	687.36	986.21	34.25
北京	86.60	1 137.18	44 920.10	6 193.55	59 085.00	2.70	534.41	242.51	93.73
福建	66.50	968.54	26 052.10	6 005.59	38 434.00	3.00	467.76	1 361.07	43.05
甘肃	48.49	636.05	22 694.50	4 504.28	9 610.80	2.70	326.41	946.78	36.56
广东	71.40	3 210.51	29 299.20	5 742.85	119 546.80	2.40	1 579.60	1 278.11	56.32
广西	51.09	1 014.52	21 069.30	4 848.93	21 544.00	2.40	565.29	691.08	34.31
贵州	49.02	1 067.62	23 647.90	3 879.83	16 860.60	3.00	534.78	878.80	38.15
海南	59.23	273.50	20 903.60	5 319.15	6 259.00	2.80	169.80	1 102.60	50.18
河北	57.62	1 537.09	20 364.60	5 780.00	35 977.60	2.50	695.07	949.97	37.83
河南	53.21	1 810.71	19 037.30	6 237.27	52 036.00	3.10	986.78	1 607.32	41.60
黑龙江	60.90	555.13	15 962.50	5 232.91	13 630.00	2.90	314.42	1 188.83	59.76
湖北	61.00	1 147.10	21 210.50	5 912.86	45 841.20	2.70	601.82	1 011.44	46.61
湖南	57.22	1 270.02	24 447.10	6 443.98	42 316.40	2.60	661.58	697.06	39.35
吉林	58.27	500.53	17 363.20	6 869.74	12 609.40	2.90	281.69	844.62	56.26
江苏	70.61	2 213.84	28 380.70	6 886.93	102 129.40	3.20	906.01	1 453.74	59.98
江西	57.42	1 148.50	20 749.60	5 886.61	23 520.20	3.00	630.99	1 443.52	40.94
辽宁	68.11	702.38	23 668.90	6 965.35	26 400.80	3.10	364.54	1 257.60	68.36
内蒙古	63.37	609.97	25 499.70	5 349.69	17 061.00	2.90	322.18	1 320.63	47.45
宁夏	59.86	179.33	21 470.10	5 509.30	3 767.60	3.40	106.49	1 482.91	54.47
青海	55.52	221.37	22 330.90	3 765.17	3 008.60	3.70	148.23	966.70	45.34
山东	61.51	2 156.14	24 553.70	6 444.28	75 280.40	3.40	912.07	396.32	46.30
山西	59.55	696.28	20 360.00	5 886.61	17 497.80	2.70	366.68	681.88	39.24
陕西	59.43	951.23	23 772.50	4 105.17	23 643.00	3.20	466.29	1 976.25	46.91
上海	88.30	995.70	40 420.10	8 168.65	55 504.60	2.40	493.44	1 346.69	74.14
四川	53.79	1 578.88	21 483.60	5 571.48	48 886.60	2.50	943.27	1 660.01	59.94

省份/直辖市/自治区	城镇人口比例（%）	教育投入（亿元）	城乡收入差距（元）	农业技术进步	第二、第三产业增加值（亿元）	居民消费价格指数（%）	医疗卫生投入（亿元）	基础设施投入（亿元）	城镇社保参保率（%）
天津	83.48	467.63	21 314.80	6 581.20	17 899.80	2.30	197.86	809.57	53.34
西藏	31.54	263.26	24 459.00	5 622.29	1 848.00	2.90	123.05	968.12	43.42
新疆	51.87	863.07	21 542.00	6 930.02	14 039.80	2.30	302.36	1 077.11	56.85
云南	48.91	1 069.85	24 335.30	4 488.93	24 449.20	2.50	608.50	496.69	27.35
浙江	70.00	1 764.69	30 306.50	6 057.91	67 375.60	2.10	735.61	307.03	74.03
重庆	66.80	728.26	22 805.30	5 377.88	25 115.00	1.90	383.26	1 294.50	54.03

注：①数据来源于历年《中国统计年鉴》与《中国农村统计年鉴》；②农业技术进步通常采用增长速度测算方程法测算，本书以单位面积粮食产量进行简化测算。

附表 5 中国农村劳动力永久性转移数据（2018 年）

省份/直辖市/自治区	城镇人口比例（%）	教育投入（亿元）	城乡收入差距（元）	农业技术进步	第二、第三产业增加值（亿元）	居民消费价格指数（%）	医疗卫生投入（亿元）	基础设施投入（亿元）	城镇社保参保率（%）
安徽	54.70	1 113.26	20 397.06	5 477.13	27 368.81	2.00	627.10	925.64	33.01
北京	86.49	1 025.51	41 499.60	6 136.66	30 201.29	2.50	490.09	1 039.03	90.49
福建	65.82	925.06	24 300.12	5 981.66	33 424.22	1.50	441.70	700.50	41.41
甘肃	47.71	592.96	21 152.87	4 352.8	7 324.77	2.00	313.53	1 031.24	36.15
广东	70.70	2 792.9	27 173.23	5 548.43	93 446.33	2.20	1 407.51	1 527.11	61.33
广西	50.22	933.22	20 001.30	4 899.15	17 333.14	2.30	546.52	938.61	33.38
贵州	47.53	985.95	21 875.83	3 867.22	12 646.91	1.80	481.80	1 046.33	37.39
海南	59.10	248.98	19 359.77	5 142.08	3 831.94	2.50	144.46	369.30	46.73
河北	56.43	1 385.59	18 946.29	5 659.95	32 672.27	2.40	691.33	1 301.60	37.20
河南	51.71	1 664.67	18 043.45	6 096.52	43 766.48	2.30	928.95	1 284.27	40.40
黑龙江	60.11	544.38	15 387.68	5 281.07	13 360.66	2.00	301.00	1 079.18	57.69
湖北	60.30	1 065.64	19 476.81	5 858.19	35 819.04	1.90	575.74	1 156.19	44.89
湖南	56.02	1 186.72	22 605.74	6 366.81	33 342.19	2.00	627.10	1 268.08	36.28
吉林	57.54	513.82	16 423.77	6 487.36	13 913.87	2.10	281.22	770.05	55.42
江苏	69.61	2 055.56	26 354.90	6 684.31	88 453.68	2.30	845.32	1 494.62	57.56
江西	56.02	1 054.41	19 359.51	5 886.87	20 107.45	2.10	585.47	830.15	40.43
辽宁	68.09	653.88	22 685.60	6 292.84	23 282.05	2.50	350.62	673.64	67.21

省份/直辖市/自治区	城镇人口比例（%）	教育投入（亿元）	城乡收入差距（元）	农业技术进步	第二、第三产业增加值（亿元）	居民消费价格指数（%）	医疗卫生投入（亿元）	基础设施投入（亿元）	城镇社保参保率（%）
内蒙古	62.71	576.33	24 502.12	5 233.23	15 535.40	1.80	315.62	1 334.65	46.16
宁夏	58.87	170.47	20 187.58	5 336.29	3 425.33	2.30	105.55	313.41	53.37
青海	54.39	199.1	21 121.19	3 664.23	2 597.13	2.50	141.60	422.48	44.23
山东	61.18	2 006.5	23 252.43	6 329.1	71 519.15	2.50	885.15	1 411.29	44.94
山西	58.42	668.03	19 284.79	4 400.28	16 077.47	1.80	358.99	789.98	38.57
陕西	58.13	871.44	22 106.41	4 078.54	22 608.13	2.10	455.31	903.07	44.17
上海	88.12	917.99	37 658.89	7 987.97	32 575.50	1.60	470.12	901.41	73.66
四川	52.30	1 461.78	19 884.53	5 576.03	36 251.47	1.70	880.89	1 934.86	58.32
天津	83.14	448.19	19 911.02	5 987.57	18 636.93	2.00	192.76	248.55	52.67
西藏	31.10	232.15	22 347.56	5 652.78	1 347.38	1.70	106.93	698.89	43.19
新疆	50.90	812.88	20 789.05	6 776.91	10 506.99	2.00	286.14	1 029.74	54.92
云南	47.81	1 077.43	22 720.03	4 456.84	15 382.26	1.60	575.42	1 283.82	26.69
浙江	68.90	1 572.47	28 271.94	6 140.41	54 230.14	2.30	626.20	1 115.69	72.94
重庆	65.51	680.99	21 108.08	5 348.96	18 984.92	2.00	372.79	638.94	51.73

注：①数据来源于历年《中国统计年鉴》与《中国农村统计年鉴》；②农业技术进步通常采用增长速度测算方程法测算，本书以单位面积粮食产量进行简化测算。

附表6　　　　　　　中国农村劳动力永久性转移数据（2017年）

省份/直辖市/自治区	城镇人口比例（%）	教育投入（亿元）	城乡收入差距（元）	农业技术进步	第二、第三产业增加值（亿元）	居民消费价格指数（%）	医疗卫生投入（亿元）	基础设施投入（亿元）	城镇社保参保率（%）
安徽	53.49	1 014.91	18 882.10	5 490.06	24 435.73	1.20	597.74	912.28	32.19
北京	86.50	964.62	38 165.85	6 152.22	27 894.52	1.90	427.87	964.83	85.44
福建	64.79	842.21	22 666.57	5 846.63	29 966.96	1.20	420.44	711.38	40.33
甘肃	46.38	567.35	19 687.34	4 177.68	6 600.15	1.40	289.24	806.54	35.29
广东	69.85	2 575.52	25 195.40	5 570.09	86 093.79	1.50	1 307.56	1 602.80	67.77
广西	49.21	920.20	19 176.61	4 803.59	15 644.96	1.60	512.31	890.96	32.35
贵州	46.03	901.96	20 210.74	4 069.88	11 508.56	0.90	436.21	948.96	35.69
海南	57.99	220.87	17 915.61	4 889.31	3 499.7	2.80	127.37	335.32	44.86

省份/直辖市/自治区	城镇人口比例（%）	教育投入（亿元）	城乡收入差距（元）	农业技术进步	第二、第三产业增加值（亿元）	居民消费价格指数（%）	医疗卫生投入（亿元）	基础设施投入（亿元）	城镇社保参保率（%）
河北	55.00	1 276.55	17 666.82	5 750.90	30 886.34	1.70	605.10	1 135.33	37.13
河南	50.16	1 493.11	16 838.68	5 977.25	40 413.54	1.40	836.66	1 212.98	39.57
黑龙江	59.38	573.11	14 781.17	5 235.41	12 937.43	1.30	297.17	1 067.72	53.60
湖北	59.30	1 101.35	18 077.33	5 864.69	31 949.13	1.50	614.69	1 021.04	44.19
湖南	54.62	1 115.33	21 012.16	6 173.19	30 904.56	1.40	585.98	1 114.50	34.14
吉林	56.64	508.09	15 368.31	7 492.83	13 849.17	1.60	279.22	812.10	52.93
江苏	68.76	1 979.57	24 463.72	6 532.66	81 824.6	1.70	789.52	1 400.35	54.96
江西	54.61	940.57	17 956.24	5 867.79	18 171.05	2.00	492.59	836.62	39.83
辽宁	67.50	648.06	21 246.59	6 721.71	21 506.96	1.40	336.63	674.39	66.12
内蒙古	62.00	561.85	23 085.73	4 799.56	14 446.44	1.70	323.48	1 152.09	44.28
宁夏	57.92	170.65	18 734.39	5 121.73	3 192.94	1.60	97.98	323.21	51.95
青海	53.01	187.51	19 706.56	3 629.21	2 386.42	1.50	125.21	328.50	43.64
山东	60.58	1 890.00	21 671.81	6 355.92	67 801.44	1.50	829.27	1 320.90	43.90
山西	57.35	620.67	18 344.30	4 260.08	14 809.26	1.10	321.34	642.70	37.62
陕西	56.79	828.25	20 545.75	3 955.11	20 157.36	1.60	418.27	849.43	43.77
上海	87.72	874.10	34 770.70	7 494.48	30 522.21	1.70	412.18	885.37	72.99
四川	50.79	1 389.2	18 499.95	5 544.99	32 717.87	1.40	831.46	1 549.81	55.37
天津	82.92	434.59	18 523.86	6 040.74	18 380.23	2.10	182.10	246.05	50.74
西藏	30.86	227.20	20 340.92	5 738.33	1 188.2	1.60	93.80	438.43	41.22
新疆	49.37	722.59	19 729.50	6 467.01	9 330.12	2.20	266.71	874.39	53.55
云南	46.68	998.33	21 133.71	4 421.51	14 037.97	0.90	546.99	1 186.06	26.39
浙江	68.00	1 430.15	26 304.96	5 936.77	49 834.34	2.10	584.17	1 017.22	70.51
重庆	64.10	626.30	19 555.32	5 317.73	18 148.64	1.00	353.79	635.54	50.19

注：①数据来源于历年《中国统计年鉴》与《中国农村统计年鉴》；②农业技术进步通常采用增长速度测算方程法测算，本书以单位面积粮食产量进行简化测算。

附表 7 中国农村劳动力永久性转移数据（2016 年）

省份/直辖市/自治区	城镇人口比例（%）	教育投入（亿元）	城乡收入差距（元）	农业技术进步	第二、第三产业增加值（亿元）	居民消费价格指数（%）	医疗卫生投入（亿元）	基础设施投入（亿元）	城镇社保参保率（%）
安徽	51.99	910.87	17 435.51	5 383.55	21 839.90	1.80	480.12	966.20	27.70
北京	86.52	887.37	34 965.79	6 167.59	25 539.34	1.40	397.95	797.03	82.27
福建	63.60	789.11	21 015.07	5 730.78	26 447.36	1.70	377.58	698.24	39.76
甘肃	44.67	548.95	18 236.64	4 163.12	6 216.98	1.30	273.25	707.34	27.01
广东	69.20	2 318.47	23 172.10	5 529.56	77 160.54	2.30	1 121.83	1 729.96	70.85
广西	48.08	854.55	17 964.96	4 898.04	15 520.84	1.60	468.18	790.60	32.33
贵州	44.16	843.54	18 652.33	4 049.27	9 930.54	1.40	392.51	919.35	26.98
海南	56.82	214.24	16 610.61	5 002.92	3 104.85	2.80	114.17	293.28	43.17
河北	53.32	1 134.90	16 330.04	5 570.27	28 577.64	1.50	547.86	1 052.59	35.23
河南	48.50	1 343.76	15 536.18	5 791.68	36 185.58	1.90	778.01	1 155.03	39.98
黑龙江	59.20	558.87	13 904.58	5 221.96	12 715.63	1.50	280.56	1 052.17	50.87
湖北	58.10	1 047.37	16 660.83	5 806.21	29 006.05	2.20	588.90	1 096.39	39.63
湖南	52.76	1 032.37	19 353.48	6 091.62	27 973.00	1.90	546.27	1 054.76	32.97
吉林	55.98	499.70	14 407.48	7 489.01	13 278.28	1.60	273.62	752.55	46.20
江苏	67.72	1 842.94	22 545.95	6 344.73	73 311.10	2.30	712.77	1 497.43	52.82
江西	53.09	848.88	16 535.56	5 868.84	16 594.47	2.00	438.72	804.39	39.27
辽宁	67.36	633.96	19 995.38	6 587.83	20 073.84	1.60	307.31	669.10	61.05
内蒙古	61.19	554.97	21 365.95	4 796.54	16 490.71	1.20	284.63	1 028.45	42.48
宁夏	56.30	152.57	17 301.38	5 162.85	2 926.99	1.50	82.03	274.32	49.81
青海	51.60	171.36	18 093.05	3 680.34	2 351.30	1.80	103.06	411.07	43.24
山东	59.02	1 825.99	20 058.02	6 260.51	63 095.36	2.10	790.19	1 316.28	43.88
山西	56.22	606.97	17 269.88	4 277.04	12 265.63	1.10	300.86	625.19	36.73
陕西	55.34	777.53	19 043.64	4 020.29	17 705.74	1.30	381.66	799.45	37.48
上海	87.89	840.97	32 171.27	7 053.26	28 069.18	3.20	383.10	731.29	71.80
四川	49.21	1 301.85	17 132.17	5 515.42	29 005.21	1.90	772.24	1 557.82	53.06
天津	82.91	502.49	17 033.93	5 535.98	17 665.17	2.10	203.23	272.54	49.35
西藏	29.61	169.64	18 708.54	5 511.87	1 035.63	2.50	69.97	453.75	21.50
新疆	48.33	664.52	18 280.25	6 453.85	8 000.73	1.40	256.43	986.18	53.92
云南	45.02	871.14	19 590.76	4 320.23	12 593.31	1.50	466.98	1 199.98	27.09

续表

省份/直辖市/自治区	城镇人口比例（%）	教育投入（亿元）	城乡收入差距（元）	农业技术进步	第二、第三产业增加值（亿元）	居民消费价格指数（%）	医疗卫生投入（亿元）	基础设施投入（亿元）	城镇社保参保率（%）
浙江	66.99	1 300.03	24 371.11	5 937.25	45 286.18	1.90	542.44	1 186.16	66.94
重庆	62.60	575.18	18 061.17	5 287.69	16 437.35	1.80	331.18	615.99	49.91

注：①数据来源于历年《中国统计年鉴》与《中国农村统计年鉴》；②农业技术进步通常采用增长速度测算方程法测算，本书以单位面积粮食产量进行简化测算。

附表8　　中国农村劳动力永久性转移数据（2015年）

省份/直辖市/自治区	城镇人口比例（%）	教育投入（亿元）	城乡收入差距（元）	农业技术进步	第二、第三产业增加值（亿元）	居民消费价格指数（%）	医疗卫生投入（亿元）	基础设施投入（亿元）	城镇社保参保率（%）
安徽	50.50	856.73	16 115.03	5 600.04	19 548.94	1.30	485.60	961.71	27.63
北京	86.46	855.67	32 290.45	5 996.57	22 874.38	1.80	370.52	720.41	75.88
福建	62.59	757.51	19 482.64	5 720.08	23 861.72	1.70	351.19	788.06	36.77
甘肃	43.19	498.33	16 830.87	4 251.48	5 836.23	1.60	250.10	775.29	27.27
广东	68.71	2 040.65	21 396.72	5 524.38	69 467.01	1.50	918.36	2 794.53	68.24
广西	47.06	789.69	16 949.29	4 857.19	14 237.67	1.50	413.87	735.36	25.55
贵州	42.01	772.91	17 192.77	3 891.70	8 861.95	1.80	360.80	926.51	26.44
海南	55.10	206.84	15 498.87	4 990.09	2 848.04	1.00	100.54	263.7	49.77
河北	51.33	1 041.16	15 101.65	5 319.16	26 366.66	0.90	535.09	1 036.31	34.65
河南	46.85	1 271.00	14 722.75	5 815.24	32 792.60	1.30	717.74	1 162.64	33.97
黑龙江	58.79	549.66	13 107.40	5 332.03	12 450.17	1.10	273.96	953.55	49.89
湖北	56.85	913.05	15 207.58	6 092.22	26 240.35	1.50	515.25	1 068.62	39.54
湖南	50.89	928.54	17 845.52	6 122.69	25 570.59	1.40	493.74	995.17	33.61
吉林	55.32	477.57	13 574.69	7 181.12	12 466.85	1.70	245.81	600.44	45.54
江苏	66.52	1 746.22	20 916.78	6 450.75	66 130.33	1.70	649.31	1 556.41	52.39
江西	51.62	793.27	15 361.04	5 860.18	14 950.80	1.50	398.79	804.48	34.92
辽宁	67.37	610.24	19 068.86	6 065.08	26 284.99	1.40	281.96	716.05	60.30
内蒙古	60.29	536.53	19 818.21	5 003.95	16 214.09	1.10	257.15	968.36	38.24
宁夏	55.24	142.51	16 067.32	5 117.12	2 674.01	1.10	74.11	264.12	42.69
青海	50.34	163.19	16 608.94	3 710.57	2 208.12	2.60	99.43	409.90	33.81

续表

省份／直辖市／自治区	城镇人口比例（%）	教育投入（亿元）	城乡收入差距（元）	农业技术进步	第二、第三产业增加值（亿元）	居民消费价格指数（%）	医疗卫生投入（亿元）	基础设施投入（亿元）	城镇社保参保率（%）
山东	57.01	1 690.62	18 614.90	6 129.51	58 023.25	1.20	701.43	1 425.11	44.13
山西	55.02	602.85	16 373.81	4 035.26	11 983.33	0.60	290.71	603.30	35.43
陕西	53.92	758.07	17 731.30	3 990.43	16 424.23	1.00	369.38	871.47	36.76
上海	87.62	767.32	29 756.66	6 916.74	25 013.63	2.40	303.46	542.10	70.60
四川	47.68	1 252.33	15 957.90	5 400.18	26 375.80	1.50	686.42	1 527.79	49.56
天津	82.61	507.44	15 619.72	5 238.78	16 329.37	1.70	195.02	254.96	44.22
西藏	27.78	167.27	17 212.95	5 625.24	928.35	2.00	62.80	378.88	18.03
新疆	47.25	647.93	16 849.58	7 885.95	7 765.72	0.60	244.01	876.09	44.79
云南	43.34	767.46	18 131.15	4 271.02	11 563.39	1.90	422.66	1 245.53	20.09
浙江	65.81	1 264.93	22 589.48	5 900.54	41 053.58	1.40	485.50	1 292.73	68.70
重庆	60.92	536.24	16 734.13	5 200.76	14 567.12	1.30	313.98	625.39	46.21

注：①数据来源于历年《中国统计年鉴》与《中国农村统计年鉴》；②农业技术进步通常采用增长速度测算方程法测算，本书以单位面积粮食产量进行简化测算。

附表9　　　　　　　　**中国农村劳动力永久性转移数据（2014 年）**

省份／直辖市／自治区	城镇人口比例（%）	教育投入（亿元）	城乡收入差距（元）	农业技术进步	第二、第三产业增加值（亿元）	居民消费价格指数（%）	医疗卫生投入（亿元）	基础设施投入（亿元）	城镇社保参保率（%）
安徽	49.15	743.07	14 922.10	5 332.36	18 456.35	1.60	425.00	841.07	27.73
北京	86.34	742.05	29 664.55	5 320.36	21 171.84	1.60	322.29	558.22	74.95
福建	61.80	634.60	18 072.20	5 729.26	22 040.96	2.00	292.14	631.25	36.07
甘肃	41.68	401.26	15 527.27	4 210.24	5 936.06	2.10	204.19	623.29	27.67
广东	68.00	1 808.97	19 902.55	5 512.89	64 643.03	2.30	777.55	1 440.45	65.96
广西	46.00	660.53	15 985.82	4 928.00	13 259.45	2.10	355.33	596.21	25.50
贵州	40.02	637.03	15 876.99	3 767.78	7 985.94	2.40	303.25	879.20	25.74
海南	53.82	175.95	14 573.96	4 824.13	2 691.20	2.40	88.46	232.69	49.86
河北	49.32	868.87	13 955.20	5 343.93	25 973.69	1.70	446.79	893.75	34.65
河南	45.20	1 201.38	13 705.99	5 604.03	30 778.23	1.90	602.95	1 026.79	33.57
黑龙江	58.02	505.94	12 155.83	5 300.48	12 428.02	1.50	235.31	724.64	49.02

续表

省份/直辖市/自治区	城镇人口比例（％）	教育投入（亿元）	城乡收入差距（元）	农业技术进步	第二、第三产业增加值（亿元）	居民消费价格指数（％）	医疗卫生投入（亿元）	基础设施投入（亿元）	城镇社保参保率（％）
湖北	55.67	773.35	14 003.22	5 878.35	24 202.33	2.00	401.32	879.84	39.11
湖南	49.28	833.27	16 509.99	6 078.09	23 888.57	1.90	422.40	879.75	33.70
吉林	54.83	407.10	12 437.70	7 021.87	12 279.13	2.00	206.44	537.79	44.84
江苏	65.21	1 504.86	19 387.82	6 385.16	61 453.99	2.20	560.93	1 396.24	51.86
江西	50.22	711.72	14 192.61	5 852.16	14 030.91	2.30	338.45	789.61	34.37
辽宁	67.05	604.49	17 890.26	5 382.26	26 340.83	1.70	273.61	754.74	60.09
内蒙古	59.52	477.77	18 373.34	4 871.57	16 142.34	1.60	227.78	810.41	35.21
宁夏	53.63	122.68	14 874.54	5 170.63	2 535.11	1.90	65.27	230.05	42.65
青海	49.74	156.31	15 023.84	3 749.96	2 087.39	2.80	80.13	394.74	32.61
山东	55.01	1 461.05	17 339.68	6 086.6	54 628.23	1.90	605.67	1 171.98	44.01
山西	53.78	507.28	15 259.99	4 259.59	11 972.60	1.70	243.94	498.20	35.27
陕西	52.58	693.83	16 433.55	3 906.51	16 125.00	1.60	313.45	817.46	36.09
上海	89.57	695.63	27 649.76	6 812.17	23 443.43	2.70	264.75	359.54	67.07
四川	46.30	1 056.91	14 886.67	5 319.76	25 005.61	1.60	584.10	1 370.42	48.81
天津	82.27	517.01	14 491.85	5 140.05	15 527.03	1.90	161.33	229.86	43.70
西藏	25.79	142.08	14 656.61	5 553.85	829.19	2.90	48.86	342.41	18.60
新疆	46.08	567.20	14 490.2	7 596.79	7 734.86	2.10	202.32	692.80	46.34
云南	41.73	674.94	16 842.88	4 235.24	10 824.52	2.40	352.41	1 234.61	20.23
浙江	64.87	1 030.99	21 019.44	6 002.56	38 395.85	2.10	433.80	912.92	71.31
重庆	59.61	469.98	15 657.41	5 130.52	13 201.57	1.80	246.34	552.49	46.30

注：①数据来源于历年《中国统计年鉴》与《中国农村统计年鉴》；②农业技术进步通常采用增长速度测算方程法测算，本书以单位面积粮食产量进行简化测算。

附表 10　　　　　　　中国农村劳动力永久性转移数据（2013 年）

省份/直辖市/自治区	城镇人口比例（％）	教育投入（亿元）	城乡收入差距（元）	农业技术进步	第二、第三产业增加值（亿元）	居民消费价格指数（％）	医疗卫生投入（亿元）	基础设施投入（亿元）	城镇社保参保率（％）
安徽	47.86	736.59	13 939.34	5 026.37	16 962.18	2.40	361.80	754.18	28.11
北京	86.29	681.18	27 462.75	6 049.04	19 641.17	3.30	276.13	529.41	71.85

续表

省份/直辖市/自治区	城镇人口比例（%）	教育投入（亿元）	城乡收入差距（元）	农业技术进步	第二、第三产业增加值（亿元）	居民消费价格指数（%）	医疗卫生投入（亿元）	基础设施投入（亿元）	城镇社保参保率（%）
福建	60.76	574.91	16 769.05	5 665.72	19 994.26	2.50	224.23	591.53	35.45
甘肃	40.12	377.06	14 284.66	4 062.24	5 486.00	3.20	165.86	554.52	27.84
广东	67.76	1 744.59	18 469.50	5 305.38	59 497.66	2.50	569.32	1 283.32	58.00
广西	44.82	609.93	14 896.30	4 877.74	12 159.26	2.20	285.61	610.89	25.45
贵州	37.84	560.67	14 667.16	3 480.43	7 088.39	2.50	228.71	700.10	25.46
海南	52.74	174.57	13 609.70	4 611.92	2 441.53	2.80	69.59	212.85	49.05
河北	48.11	837.63	13 039.04	5 425.60	25 060.97	3.00	380.75	797.68	33.86
河南	43.80	1 171.52	12 771.56	5 631.07	28 218.60	2.90	492.48	976.04	32.74
黑龙江	57.39	501.28	11 479.39	5 196.92	11 980.79	2.20	190.50	705.90	48.25
湖北	54.51	690.63	12 976.14	5 855.66	21 761.56	2.80	322.08	774.16	38.58
湖南	47.96	809.45	15 323.44	5 967.16	21 631.36	2.50	342.47	853.51	34.02
吉林	54.20	422.09	11 550.40	7 332.95	11 579.66	2.90	181.51	488.31	43.94
江苏	64.11	1 434.99	18 064.19	6 284.35	56 283.51	2.30	475.86	1 316.92	50.73
江西	48.87	664.53	13 030.88	5 780.71	12 821.68	2.50	262.14	645.47	34.13
辽宁	66.45	669.48	16 535.75	6 896.33	24 997.07	2.40	229.50	769.03	59.29
内蒙古	58.69	456.87	17 018.70	4 910.35	15 340.74	3.20	196.03	761.81	33.87
宁夏	51.99	112.95	13 877.06	4 939.10	2 366.76	3.40	53.77	203.90	42.29
青海	48.44	121.51	13 890.79	3 663.03	1 917.34	3.90	68.64	357.64	32.25
山东	53.76	1 399.67	16 195.53	6 098.52	50 664.36	2.20	485.86	1 119.29	43.19
山西	52.56	542.44	14 308.73	4 196.98	11 924.24	3.10	201.63	520.23	35.24
陕西	51.30	710.11	15 253.73	3 922.61	14 744.48	3.00	257.14	684.97	35.47
上海	89.61	679.54	25 670.01	6 753.14	21 693.26	2.30	214.92	331.71	66.08
四川	44.90	1 036.41	13 846.82	5 320.73	23 023.41	2.80	487.2.00	1 270.58	47.26
天津	82.00	461.36	13 627.22	5 313.15	14 255.05	3.10	128.94	213.05	43.14
西藏	23.72	107.18	13 841.08	5 465.97	730.99	3.60	40.29	241.94	18.93
新疆	44.48	532.67	13 244.89	7 651.90	7 009.01	3.90	160.91	671.64	47.30
云南	40.47	685.97	15 736.38	4 109.13	9 971.51	3.10	300.57	1 086.44	20.26
浙江	64.01	950.07	19 585.76	5 912.05	35 996.24	2.30	350.73	885.54	67.50
重庆	58.35	437.28	14 565.67	5 123.47	11 780.58	2.70	198.05	535.90	44.61

注：①数据来源于历年《中国统计年鉴》与《中国农村统计年鉴》；②农业技术进步通常采用增长速度测算方程法测算，本书以单位面积粮食产量进行简化测算。

附表 11　　　　　中国农村劳动力永久性转移数据（2012 年）

省份/直辖市/自治区	城镇人口比例（%）	教育投入（亿元）	城乡收入差距（元）	农业技术进步	第二、第三产业增加值（亿元）	居民消费价格指数（%）	医疗卫生投入（亿元）	基础设施投入（亿元）	城镇社保参保率（%）
安徽	46.49	717.94	13 863.70	5 069.50	15 033.32	2.30	319.39	667.64	28.15
北京	86.23	628.65	19 993.10	5 868.40	17 729.2	3.30	256.06	466.45	67.62
福建	59.61	562.30	18 088.00	5 607.00	17 925.07	2.40	185.99	516.24	33.86
甘肃	38.75	367.92	12 650.20	3 996.84	4 869.70	2.70	148.21	428.80	27.76
广东	67.40	1 501.22	19 683.90	5 557.58	54 220.66	2.80	505.14	1 043.13	56.50
广西	43.53	589.24	15 235.30	4 789.17	10 862.73	3.20	253.17	611.81	25.15
贵州	36.42	500.51	13 947.50	3 827.64	5 960.29	2.70	201.05	650.43	24.38
海南	51.52	158.79	13 509.70	4 600.41	2 144.00	3.20	59.86	191.13	46.86
河北	46.80	865.54	12 462.00	5 253.03	23 388.35	2.60	323.17	730.66	33.00
河南	42.43	1 106.51	12 917.70	5 652.73	25 829.77	2.50	425.99	852.16	31.84
黑龙江	56.91	544.79	9 156.00	4 994.31	11 577.92	3.20	173.33	656.90	46.42
湖北	53.50	732.37	12 987.90	5 786.79	19 401.68	2.90	267.99	631.70	37.88
湖南	46.65	807.58	13 878.60	6 154.17	19 150.02	2.00	294.17	721.56	33.84
吉林	53.71	451.05	11 609.80	7 053.84	10 527.13	2.50	160.36	419.46	42.80
江苏	63.01	1 350.61	17 475.00	6 286.60	50 639.93	2.60	418.14	1 190.67	48.65
江西	47.51	622.06	12 031.00	5 711.66	11 428.65	2.70	219.15	577.55	33.05
辽宁	65.64	728.79	13 839.00	6 474.28	22 690.61	2.80	200.19	661.12	55.86
内蒙古	57.75	439.97	15 539.00	4 473.86	14 432.00	3.10	177.91	752.07	32.82
宁夏	50.70	106.45	13 651.10	4 759.75	2 141.89	2.00	46.09	190.82	40.01
青海	47.47	171.81	12 201.90	3 632.99	1 716.63	3.10	60.11	289.16	31.62
山东	52.43	1 311.8	16 308.70	6 213.66	45 731.54	2.10	422.91	996.75	40.63
山西	51.26	558.03	14 055.10	4 007.32	11 414.51	2.50	180.34	504.45	35.05
陕西	50.01	703.34	14 971.40	3 990.36	13 083.52	2.80	222.30	624.69	34.28
上海	89.33	648.95	22 384.60	6 533.06	20 053.92	2.80	197.34	333.38	66.65
四川	43.54	993.2	13 305.60	5 229.35	20 575.59	2.50	424.26	1 090.44	45.94
天津	81.53	378.75	15 600.90	5 065.19	12 722.28	2.70	105.91	188.19	42.56
西藏	22.73	94.48	12 308.90	5 553.67	620.65	3.50	36.12	236.88	19.01
新疆	43.98	473.86	11 527.00	7 057.10	6 184.74	3.80	145.88	591.86	46.72
云南	39.30	674.82	15 658.00	4 002.86	8 654.92	2.70	266.94	828.17	19.91
浙江	63.19	877.86	19 998.40	6 214.51	32 997.45	2.20	305.91	695.84	63.08
重庆	56.98	471.49	15 584.80	5 086.39	10 469.59	2.60	167.43	463.82	42.72

　　注：①数据来源于历年《中国统计年鉴》与《中国农村统计年鉴》；②农业技术进步通常采用增长速度测算方程法测算，本书以单位面积粮食产量进行简化测算。

附表 12　　　　　　　　中国农村劳动力永久性转移数据（2011 年）

省份/直辖市/自治区	城镇人口比例（％）	教育投入（亿元）	城乡收入差距（元）	农业技术进步	第二、第三产业增加值（亿元）	居民消费价格指数（％）	医疗卫生投入（亿元）	基础设施投入（亿元）	城镇社保参保率（％）
安徽	44.81	564.71	12 373.9	4 740.38	13 285.34	5.60	277.23	571.46	27.27
北京	86.18	520.08	18 167.3	5 815.69	16 115.66	5.60	225.49	386.46	62.61
福建	58.09	406.73	16 128.8	5 582.3	15 947.94	5.30	159.3	447.94	32.17
甘肃	37.17	284.33	11 079.3	3 688.56	4 341.62	5.90	143.18	396.57	27.59
广东	66.50	1 227.87	17 525.8	5 429.15	50 545.08	5.30	433.75	953.74	54.41
广西	41.81	456.89	13 622.8	4 586.32	9 673.65	5.90	232.88	563.84	24.91
贵州	34.97	376.86	12 349.6	3 045.73	4 975.62	5.10	173.26	583.63	23.25
海南	50.51	127.27	11 923	4 415.66	1 863.43	6.10	50.3	158.82	45.12
河北	45.60	652.11	11 172.5	5 155.14	21 610.03	5.70	302.75	627.46	32.10
河南	40.57	857.14	11 590.8	5 597.12	23 418.8	5.60	361.48	761.69	30.67
黑龙江	56.49	373.83	8 105.5	4 841.89	10 880.5	5.80	170.78	605.86	45.29
湖北	51.82	488.16	11 476	5 743.63	17 062.96	5.80	247.3	631.41	37.31
湖南	45.10	540.83	12 277	6 049.25	16 901.53	5.50	256.76	695.57	33.22
吉林	53.40	319.82	10 286.6	6 780.34	9 291.39	5.20	143.87	405.36	42.06
江苏	61.89	1 093.22	15 535.7	6 204.02	46 045.49	5.30	349.86	1 009.82	45.49
江西	45.70	474.43	10 603.3	5 656.85	10 311.75	5.20	196.32	506.04	31.84
辽宁	64.04	544.09	12 170.3	6 435.48	20 311.13	5.20	182.07	549.73	55.45
内蒙古	56.61	390.69	13 766	4 304.06	13 053.58	5.60	164.59	673.16	32.20
宁夏	49.92	103.02	12 168.9	4 396.86	1 918.07	6.30	41.09	153.73	38.06
青海	46.30	130.11	10 994.8	3 708.61	1 515.36	6.10	47.44	253.32	31.00
山东	50.95	1 047.9	14 449.7	6 172.4	41 388	5.00	360.36	858.91	38.84
山西	49.68	421.79	12 522.5	3 759.74	10 596.13	5.20	159.62	420.38	34.95
陕西	47.29	529.46	13 217.3	3 838.44	11 291.4	5.70	197.61	647.21	33.26
上海	89.31	549.24	20 176.7	6 537.18	19 070.75	5.20	190.03	298.58	65.97
四川	41.83	684.66	11 770.5	5 243.95	18 043.17	5.30	372.96	910.59	44.38
天津	80.44	302.32	14 599.7	5 251.76	11 147.56	4.90	90.53	189.15	42.08
西藏	22.77	77.81	11 291.3	5 508.67	531.36	5.00	35.3	204.41	16.29
新疆	43.55	399.8	10 071.4	6 959.18	5 471.02	5.90	132.43	504.42	44.86
云南	36.80	483	13 853.6	3 868.18	7 482.11	4.90	236.98	685.99	20.12
浙江	62.29	751.42	17 900	6 319.8	30 735.81	5.40	278.98	647.31	56.40
重庆	55.02	318.7	13 769.3	5 092.97	9 166.85	5.30	143.7	385.14	40.32

注：①数据来源于历年《中国统计年鉴》与《中国农村统计年鉴》；②农业技术进步通常采用增长速度测算方程法测算，本书以单位面积粮食产量进行简化测算。

附表 13　　　　　　　中国农村劳动力永久性转移数据（2010 年）

省份 / 直辖市 / 自治区	城镇人口比例（%）	教育投入（亿元）	城乡收入差距（元）	农业技术进步	第二、第三产业增加值（亿元）	居民消费价格指数（%）	医疗卫生投入（亿元）	基础设施投入（亿元）	城镇社保参保率（%）
安徽	43.01	386.31	10 503	4 616.90	10 630.31	3.10	184.22	417.38	26.13
北京	85.93	450.22	15 810.6	5 176.93	13 989.22	2.40	186.82	313.63	58.20
福建	57.11	327.77	14 354.4	5 447.89	13 373.45	3.20	117.58	285.55	30.13
甘肃	36.13	228.23	9 763.9	3 485.17	3 521.47	4.10	100.4	262.85	26.22
广东	66.18	921.48	16 007.5	5 234.61	43 726.08	3.10	304.04	643.19	46.53
广西	40.00	366.84	12 520.5	4 567.92	7 894.79	3.00	165.49	353.97	24.37
贵州	33.80	292.06	10 670.8	3 576.72	3 977.13	2.90	127.68	356.37	21.88
海南	49.83	98.33	10 305.7	4 162.41	1 524.67	4.80	34.82	113.91	41.76
河北	44.50	514.30	10 305.4	4 845.29	17 831.45	3.10	235.48	468.38	30.88
河南	38.50	609.37	10 406.6	5 566.79	19 834.27	3.50	270.21	573.03	29.81
黑龙江	55.67	299.14	7 645.8	4 526.17	9 065.7	3.90	135.18	485.78	44.62
湖北	49.70	366.57	10 226.1	5 571.51	13 820.61	2.90	179.13	429.47	36.52
湖南	43.30	403.10	10 943.7	5 944	13 712.46	3.10	180.44	475.68	33.00
吉林	53.33	250.20	9 174.1	5 967.2	7 617.43	3.70	110.91	328.72	40.92
江苏	60.58	865.36	13 826.1	6 114.83	38 885.38	3.80	249.69	765.16	42.65
江西	44.06	297.50	9 692.5	5 396.68	8 244.28	3.00	150.02	339.65	30.91
辽宁	62.10	405.39	10 804.7	5 562.86	16 826.19	3.00	151.36	429.29	55.09
内蒙古	55.50	322.11	12 168.6	4 009.99	10 576.72	3.20	120.72	402.05	31.39
宁夏	47.87	81.59	10 669.6	4 373.02	1 530.36	4.10	34.02	116.03	35.58
青海	44.76	82.47	9 992.3	3 731.03	1 215.51	5.40	38.94	116.18	29.52
山东	49.70	770.45	12 955.5	6 043.11	35 581.63	2.90	250.77	696.48	37.21
山西	48.04	328.58	10 911.4	3 449.98	8 646.38	3.00	113.86	333.36	34.42
陕西	45.76	377.79	11 590.2	3 706.92	9 135.03	4.00	156.66	396.22	32.21
上海	89.27	417.28	17 860.1	6 567.98	17 051.83	3.10	160.07	232.36	51.05
四川	40.17	540.65	10 374.3	5 137.66	14 702.59	3.20	263.34	594.74	40.25
天津	79.60	229.56	14 217.7	5 156.7	9 078.88	3.50	70.07	114.09	41.73
西藏	22.67	60.80	10 841.8	5 359.98	438.74	2.20	32.04	153.17	14.56
新疆	43.02	313.84	9 001.1	6 730.08	4 358.84	4.30	103.56	312.04	41.89
云南	34.70	374.79	12 112.5	3 631.57	6 115.8	3.70	183.7	467.09	19.87
浙江	61.61	606.54	16 056.4	6 152.43	26 361.75	3.80	224.53	523.74	50.72
重庆	53.00	240.46	12 255.7	5 152.18	7 240.2	3.20	94.87	241.03	38.22

　　注：①数据来源于历年《中国统计年鉴》与《中国农村统计年鉴》；②农业技术进步通常采用增长速度测算方程法测算，本书以单位面积粮食产量进行简化测算。

参考文献

［1］陈武．农业剩余劳动力双梯度连续转移模式［J］. 经济研究，1992（11）：54-57.

［2］陈勇．当今永久性国际人口迁移现状及其特点［J］. 人口与经济，2000（2）：44-50.

［3］陈宗胜，黎德福．内生农业技术进步的二元经济增长模型——对"东亚奇迹"和中国经济的再解释［J］. 经济研究，2004（11）：16-27.

［4］陈晓红，李城固．我国城市化与城乡一体化研究［J］. 城市发展研究，2004，11（2）：41.

［5］蔡昉，都阳．经济转型过程中的劳动力流动——长期性、效应和政策［J］. 学术研究，2004（6）：16-22.

［6］蔡昉．中国经济面临的转折及其对发展和改革的挑战［J］. 中国社会科学，2007（3）：2-11.

［7］蔡禾，王进."农民工"永久迁移意愿研究［J］. 社会学研究，2007（6）：86-113.

［8］程名望，史清华，徐剑侠．中国农村劳动力转移动因与障碍的一种解释［J］. 经济研究，2006（4）：68-78.

［9］程名望，史清华．个人特征、家庭特征与农村剩余劳动力转移［J］. 经济评论，2010（4）：49-55.

［10］程名望，史清华，许洁．流动性转移与永久性迁移：影响因素及比较——基于上海市1446份农民工样本的实证分析［J］. 外国经济与管理，2014，36（7）：63-71.

［11］程新征．中国农民工若干问题研究［M］. 北京：中央编译出版社，2007.

［12］崔斌，周红. 各国流动人口主要卫生服务利用障碍及改善基本卫生服务可及性的措施［J］. 中国药物经济学，2009（6）：47-56.

［13］丁守海. 农民工工资影响农村剩余劳动力转移的一个实证研究［J］. 中国经济问题，2006（5）：69-74.

［14］丁兆庆. 我国农村剩余劳动力双梯度转移范式建构［J］. 理论学刊，2007（3）：45-47.

［15］丁艳平. 发达国家农村富余劳动力转移的经验研究——以美国、英国、日本为例［J］. 世界农业，2014（7）：23-26.

［16］董晓峰，杨保军. 宜居城市研究进展［J］. 地球科学进展，2008（3）：323-326.

［17］冯兰瑞，姜渭渔. 农业剩余劳动力转移模式的比较研究［J］. 中国社会科学，1987（5）：43-52.

［18］辜胜阻. 中国两类人口迁移比较研究［J］. 中国人口科学，1991（4）：16-21.

［19］郭剑雄. 刘—拉—费二元经济理论中的农业发展观［J］. 延安大学学报（社会科学版），1999（3）：36-40.

［20］甘春华. 农村劳动力转移模式对城乡一体化的影响［J］. 南方农村，2009，25（5）：33-36.

［21］顾丹，吴伟. 辽宁省新生代农民工永久性迁移影响因素分析［J］. 经济技术协作信息，2017（4）：32-33.

［22］国家卫生和计划生育委员会流动人口司. 中国流动人口发展报告：精编版（2010-2017）［M］. 北京：中国人口出版社，2017.

［23］杭雷鸣，屠梅曾. 论收入差距扩大化对剩余劳动力转移的阻碍效应［J］. 经济问题，2005（9）：38-40.

［24］韩长赋. 关于"90后"农民工［J］. 新华文摘，2010（8）：21-22.

［25］韩科峰. 资源型城市转型问题研究综述［J］. 宁夏农林科技，2012（3）：95-97.

［26］黄容. 农村劳动力流动对农村居民消费的影响研究［D］. 成都：西南财经大学博士学位论文，2014.

［27］胡凯. 我国农业科技进步贡献率测算与分析：1978-2010年［J］. 商业研究，2013，55（6）：169-175.

［28］洪小良. 城市农民工的家庭迁移行为及影响因素研究——以北京市为

例〔J〕. 中国人口科学，2007（6）：42-50.

〔29〕贾晓华. 中国农业劳动力非永久性乡城迁移的制度经济学分析〔D〕. 沈阳：辽宁大学博士学位论文，2007：17-23.

〔30〕季丹虎. 英国工业化过程中农村劳动力产业间转移的次序及对我国的启示〔J〕. 生产力研究，2007（2）：95-97.

〔31〕孔祥智. 我国劳动力转移的现实选择——双梯度交叉转移模式〔J〕. 四川省情，2006（2）：34-35.

〔32〕李斌. 我国农村剩余劳动力转移模式研究〔J〕. 湖南大学学报（社会科学版），1996（3）：89-92.

〔33〕李同升，库向阳. 城乡一体化发展的动力机制及其演变分析——以宝鸡市为例〔J〕. 西北大学学报（自然科学版），2000（3）：256-266.

〔34〕李强. 影响中国城市流动人口的推力与拉力因素分析〔J〕. 中国社会科学，2003（1）：125-136.

〔35〕李强. 农民工与中国社会分层〔M〕. 北京：社会科学文献出版社，2004.

〔36〕李仙娥，王春艳. 国外农村剩余劳动力转移模式的比较〔J〕. 中国农村经济，2004（5）：69-75.

〔37〕李曼曼. 城镇化进程中人口迁移问题研究〔D〕. 郑州：河南农业大学博士学位论文，2013.

〔38〕李迅雷，周洪荣，朱蕾. 中国农村劳动力转移效应及潜力测算〔J〕. 财经研究，2014，40（6）：121-131.

〔39〕李琬，孙斌栋. "十三五"期间中国新型城镇化道路的战略重点——基于农村居民城镇化意愿的实证分析与政策建议〔J〕. 城市规划，2015，39（2）：23-30.

〔40〕李文溥，熊英. "刘易斯拐点"的一个理论证伪——基于产品市场的视角〔J〕. 经济研究，2015（5）：134-146.

〔41〕李停. 农地产权对劳动力迁移模式的影响机理及实证检验〔J〕. 中国土地科学，2016（11）：13-21.

〔42〕李实. 新型城镇化进程中流动人口经济现状研究〔M〕. 北京：中国工人出版社，2016.

〔43〕李玉坤. 农业农村部：目前返乡创业人员达740万〔N〕. 新京报. 2018-11-08.

［44］刘秀梅. 我国农村劳动力转移及其经济效应研究［D］. 北京：中国农业大学博士学位论文，2004.

［45］刘自强. 试论 1865–1914 年美国农业劳动力大转移的动因［J］. 社会科学家，2007（5）：49–52.

［46］刘文可，张熙. 我国工业劳动生产率增长中的劳动力转移效应研究［J］. 世界经济情况，2008（12）：73–76.

［47］刘成斌，周兵. 中国农民工购房选择研究［J］. 中国人口科学，2015（6）：100–108.

［48］刘显升. 农村劳动力转移影响因素与转移数量的动态关系研究［J］. 商业经济研究，2016（14）：138–140.

［49］刘金伟. 流动人口健康与发展［M］. 北京：社会科学文献出版社，2019.

［50］林赛. 农村劳动力非永久性转移行为实证分析［D］. 上海：华东理工大学博士学位论文，2011.

［51］梁辉，胡健，杨云彦. 转移模式对农民工人际网络构建的影响研究［J］. 人口与发展，2014，20（2）：44–52.

［52］蓝琦. 浙江省制造业"用工荒"原因的研究——基于刘易斯拐点的实证分析［D］. 兰州商学院博士学位论文，2014.

［53］柳士发. 中国经济现代化的三重二元结构［J］. 人文杂志，1999（5）：52–59.

［54］赖小琼. 二元经济结构条件下农村剩余劳动力的形成及转移［J］. 财政研究，2004（1）：20–22.

［55］卢黎霞，李富田. 西部县域城镇化的机制缺陷：镇区拉力不足［J］. 农村经济，2015（9）：91–94.

［56］罗霞，王春光. 新生代农村流动人口的外出动因与行动选择［J］. 浙江社会科学，2003（1）：109–113.

［57］罗雅丽，李同升. 制度因素在我国城乡一体化发展过程中的作用分析［J］. 人文地理，2005（4）：47–50，86.

［58］马九杰，孟凡友. 农民工转移非持久性的影响因素分析——基于深圳市的实证研究［J］. 改革，2003（4）：77–86.

［59］马光威，王方. 国有企业对经济增长影响的理论与实证研究——投资推动视角［J］. 经济问题探索，2016（12）：26–32.

［60］马光威，王方，罗清和. 基于"推拉理论"的农产品价格变化对农村劳动力转移的影响分析［J］. 江西社会科学，2017（5）：92-98.

［61］聂正彦，苗红川. 劳动力流动影响农村居民消费的路径分析［J］. 消费经济，2014（4）：16-19.

［62］钱永坤. 农村劳动力异地转移行为研究［J］. 中国人口科学，2006（5）：60-68.

［63］秦华，夏宏祥. 对我国农村劳动力转移影响因素的实证分析［J］. 经济理论与经济管理，2009（12）：47-52.

［64］祁晓玲，罗元青，宋周，徐莉，胡民. 农业转移人口市民化理论及政策研究［M］. 北京：人民出版社，2019.

［65］孙正林，韦恒. 农村教育：我国农村剩余劳动力转移的深层次体制性制约因素［J］. 国家教育行政学院学报，2005（11）：52-55，94.

［66］孙文凯，白重恩，谢沛初. 户籍制度改革对中国农村劳动力流动的影响［J］. 经济研究，2011（1）：28-41.

［67］宋刚. 中国新型城镇化发展研究［J］. 长沙大学学报，2015，29（1）：23-26.

［68］谭江蓉，杨云彦. 人口流动、老龄化对农村居民消费的影响［J］. 人口学刊，2012（6）：9-15.

［69］吴兴陆，元名杰. 农民工迁移决策的社会文化影响因素探析［J］. 中国农村经济，2005（1）：26-32.

［70］吴云勇. 我国就业结构与产业结构升级的不同步探因［J］. 改革，2007（3）：116-119.

［71］王春光. 新生代农村流动人口的社会认同与城乡融合的关系［J］. 社会学研究，2001（3）：63-76.

［72］王检贵. 劳动与资本双重过剩：宏观经济形势的新概括［J］. 经济学家，2002（2）：45-50.

［73］王兴力，刘颖. 城乡居民收入差距为何如此巨大［J］. 党政干部学刊，2002（5）：23-26.

［74］王诚. 劳动力供求"拐点"与中国二元经济转型［J］. 中国人口科学，2005（6）：2-10，95.

［75］王毅杰. 流动农民留城定居意愿影响因素分析［J］. 江苏社会科学，2005（5）：26-32.

［76］王春雷，郭其友．农村劳动力转移决策的微观分析［J］．人口与经济，2010（2）：33-37．

［77］王强．新型城镇化建设视角下安徽省农村剩余劳动力转移问题研究［D］．安徽财经大学博士学位论文，2014．

［78］王方，马光威，马东伟．韩国城镇化在跨越"中等收入陷阱"中的作用分析及经验借鉴［J］．社会科学家，2016（6）：93-97．

［79］王方，马光威．效用最大化、乡土羁绊与中国农村劳动力半永久性转移［J］．贵州社会科学，2020（7）：161-168．

［80］魏晨，陈英，白志远，黄思琴．基于 Logic 回归模型的农民宅基地退出意愿测算——以玉泉镇 4 个村庄为例［J］．中国农学通报，2014，30（32）：114-121．

［81］徐文．中国农村剩余劳动力转移问题研究［D］．长春：吉林大学博士学位论文，2009．

［82］谢冬水．农地转让权不完全与农村劳动力非永久迁移［J］．财贸研究，2014（1）：47-54．

［83］杨荣南，张雪莲．城乡一体化若干问题初探［J］．热带地理，1998，18（1）：12-17．

［84］杨红．改革以来中国永久性迁移人口和流动性迁移人口的比较研究［J］．西北人口，1999（1）：1-7．

［85］杨继瑞．城乡一体化：推进路径的战略抉择［J］．四川大学学报（哲学社会科学版），2005，（4）：5-10．

［86］杨玲．国内外城乡一体化理论探讨与思考［J］．生产力研究，2005，（9）：23-26．

［87］杨肖丽．城市化进程中农民工的迁移行为模式及其决定［D］．沈阳：沈阳农业大学博士学位论文，2009．

［88］杨天宇．新型城镇化背景下农村劳动力转移问题研究［D］．长春：东北师范大学博士学位论文，2017．

［89］余宇新，张平．刘易斯模型框架下中国刘易斯拐点问题探讨——来自企业微观数据的实证研究［J］．世界经济文汇，2011（6）：32-45．

［90］余戎，王雅鹏．土地流转类型影响农村劳动力转移机制的经济分析——基于全国 2 290 份村级问卷的实证研究［J］．经济问题探索，2020（3）：20-32．

［91］鄢成龙. 新疆伊犁州直农村剩余劳动力转移模式研究［D］. 乌鲁木齐：新疆农业大学博士学位论文，2012：41-45.

［92］俞征鹏. 城乡社会：从隔离走向开放——中国户籍制度与户籍法研究［M］. 山东人民出版社，2002.

［93］姚先国，来君，刘冰. 对城乡劳动力流动中举家外迁现象的理论分析——一个可行性能力的视角［J］. 财经研究，2009（2）：28-38.

［94］姚婷，朱浩，张日新. 农民工永久性迁移意愿研究［J］. 学术研究，2013（5）：88-92.

［95］张微. 我国农村劳动力转移问题研究［D］. 南京：中共江苏省委党校博士学位论文，2006.

［96］张学英. 对中国农村移民非永久性迁移行为的再考量［J］. 开发研究，2011A（5）：81-84.

［97］张学英. 关于提升新生代农民工城市融入能力的研究［J］. 贵州社会科学，2011B（7）：79-82.

［98］张俊霞，索志林. 发达国家农村劳动力转移模式比较及经验借鉴［J］. 世界农业，2012（7）：36-39.

［99］张春龙，张卫. 当前"用工荒"：人口结构改变和经济结构转型的预警［J］. 现代经济探讨，2015（6）：12-16.

［100］张广胜，田洲宇. 改革开放四十年中国农村劳动力流动：变迁、贡献与展望［J］. 农业经济问题，2018（7）：23-35.

［101］张旭，肖周录. 农村劳动力"三层递进转移"模式的创新与分析［J］. 河南社会科学，2020，28（7）：61-70.

［102］赵崇淋. 析"三农问题"切入点——农村剩余劳动力转移［J］. 中共四川省委党校学报，2004（1）：25-28.

［103］朱宇. 户籍制度改革与流动人口在流入地的居留意愿及其制约机制［J］，南方人口，2004A，19（3）：21-28.

［104］朱宇. 国外对非永久性迁移的研究及其对我国流动人口问题的启示［J］. 人口研究，2004B，28（3）：52-59.

［105］朱明芬. 农民工家庭人口迁移模式及影响因素分析［J］. 中国农村经济，2009（2）：67-76.

［106］朱晓霞. 我国农村劳动力非永久性迁移形成机制分析［J］. 求是学刊，2009，36（5）：56-60.

［107］中国农民工问题研究课题组．中国农民工问题研究总报告［R］．改革，2006（5）：5–30．

［108］邹新树．农民工向城市流动的动因："推—拉"理论的现实解读［J］．农村经济，2005（10）：104–109．

［109］邹一南．农民工永久性迁移与城镇化投资政策取向［J］．上海经济研究，2015（4）：62–71．

［110］周天勇．托达罗模型的缺陷及其相反的政策含义——中国剩余劳动力转移和就业容量扩张的思路［J］．经济研究，2001（3）：75–82．

［111］詹玲．农民工概念的理性思考［J］．北方经济，2008（17）：70–71．

［112］折晓叶，艾云．城乡关系演变的制度逻辑和实践过程［M］．北京：中国社会科学出版社．2014．

［113］Bradbury J H. The Impact of Industrial Cycles in the Mining Sector: The Case of the Quebec Labrador Region in Canada [J]. International Journal of Urban and Regional Research, 1984, 8(3): 311–331.

［114］Brauw A D., Huang J., Rozelle S., Zhang L. and Zhang Y. The evolution of China's rural labor markets during the reforms [J]. Journal of Comparative Economics, 2002(30): 329–353.

［115］Chan K W. and Li Z. The hukou system and rural–urban migration in China: Processes and changes [J]. The China Quarterly – London, 1999, 160(1): 818–855.

［116］Carrillo B. Rural–urban migration in China: Temporary migrants in search of permanent settlement [J]. Portal Journal of Multidisciplinary International Studies, 2004, 1(2): 1–26.

［117］Fei J. and Rains G. Development of the Labor Surplus Economic: Theory and Policy [J]. The Economic Journal, 1967, 77(306): 480–482.

［118］Goodkind D. and West L A. China's floating population: Definitions, data and recent findings [J]. Urban Studies, 2002(39): 2237–2250.

［119］Harris J. and Todaro M. Migration, Unemployment and Development: A Two Sector Analysis [J]. American Economic Review, 1970(60): 7–14.

［120］Hugo G J. Circular Migration in Indonesia [J]. Population & Development Review, 1982, 8(1): 59–83.

［121］Hugo G J. Changing patterns and processes of population mobility [A]. In Jones G W. and Hull T H. (eds.), Indonesia Assessment: Population and Human Resource, Singapore: Institute of Southeast Asian Studies. 1997: 68–100.

［122］Hu D. Trade rural–urban migration and regional income disparity in developing countries: a spatial general equilibrium model inspired by the case of China [J]. Regional Science and Urban Economics, 2002(32): 311–338.

［123］Hopping, D. Gender differences and social capital among temporary and permanent migrants in China [R]. University of North Carolina at Chapel Hill Graduate School Working Paper, 2016.

［124］Jorgenson D. Surplus Agriculture Labor and the Development of Labor [J]. Oxford Economic Paper, 1967(19): 7–14.

［125］Kline D S. Push and Pull Factors in International Nurse Migration [J]. Journal of Nursing Scholarship, 2003, 35(2): 7–14.

［126］Lucas R A. Minetown, Milltown, Railtown: Life in Canadian Communities of Single Industry [M]. Toronto: University of Toronto Press, 1971(1): 410–423.

［127］Lee E S. A Theory of Migration [J]. Demography, 1966, 3(1): 7–14.

［128］Poston, D. L., Goldstein, S., & Goldstein, A. Permanent and temporary migration differentials in China [J]. Contemporary Sociology, 1992, 21(1), 69.

［129］Poston D L. and Li Z. Ecological analyses of permanent and temporary migration streams in China in the 1990s [J]. Population Research & Policy Review, 2008, 27(6): 689–712.

［130］Raven stein E G. The Laws of Migration [J]. Journal of the Statistical Society of London, 1885(48): 7–14.

［131］Roberts K D. and Wei J. The floating population of Shanghai in the mid–1990s[J]. Asian and Pacific Migration Journal, 1999, 8(4): 479–83.

［132］Rozelle, S., Guo, L., Shen, M., Hughart, A., & Giles, J. Leaving China's farms: Survey results of new paths and remaining hurdles to rural migration [J]. China Quarterly – London, 1999, 1(158), 367–393.

［133］Solinger, D. J. Contesting Citizenship in Urban China. Peasant Migrants, the State, and the Logic of the Market [M]. University of California Press, 1999.

后 记

时光如梭，在全书成稿之际，感慨万千！记得2016年初，我还在攻读博士学位，一个偶然的机会，一位同学跟经济学院老师谈到关于农村土地制度改革的问题，老师提出"农村劳动力转移问题，尤其是新生代农民工问题值得深入研究"，自那时起我们就琢磨应在农村劳动力转移方向上做出点什么，便开始着手整理相关文献，浏览时事新闻。或许缘于农村出身，我对农村劳动力转移有深刻的感触，相关问题的思考也较为贴近现实。

我出生于中部省份河南的城市郊区，并在那里长大接受教育，2001年考上大学离开家乡后，户籍迁到了学校所在的城市，但按照耕地承包权50年不变的土地制度安排，原来村里分我的耕地一直保留了下来，由父母及哥哥代为耕种。鉴于我国土地城镇化进程的不断提速，原来城市郊区几乎没有收益的耕地，价值不断提升，邻里未外出读书待在老家的同龄人，或出于生活的需要，或惑于欲望，部分人将自己的耕地私下出售；颇为遗憾的是，失去土地的农民，首先惦记的是那些失去农村户籍的外迁人员名下的土地，在很多人看来这个迟早要拿出来分配，利益纠纷时常困扰着家人与邻居。

有一次某位知名学者来学校进行学术交流，报告主题是关于土地私有化的。我基于自己的切身体会提出土地私有化操作起来很难，比如我读了大学，名下的土地还会私有化给我吗？学者风趣地反问，你还回去种地吗？同学们哈哈大笑。学者大概率忽略了土地的财产属性，而仅仅关注于耕地的使用价值。当然，探讨争鸣而已，远未涉及真实的利益纠纷。

实际上，一些人已经注意到我国农村人口向城市的单向流动政策，会损害到他们的利益。在后来的生活中，接触到很多农村年轻人，他们离开农村到城市读书或工作，但并没有把户籍迁出，这种现象在广东更为突出，因为在这里可以获得一些集体收入分红，利益价值化后影响更为直观，户籍迁移的制约也更为凸显。

关于以上经历与现象的思考，形成了本书农村劳动力半永久性转移模式理论探索的基础，也是本书的核心创新之处。本书属于学术性研究成果，研究框架体系枯燥而无味；为增加可读性，在撰写过程中加入了很多感悟或访谈内容，导致成文时间一推再推，从写作到出版时间跨度达 4 年之久。

在本书的撰写与出版过程中，很多同学、同事、朋友提供了帮助，在此表示郑重的感谢。首先，感谢的是本书合作者王方，她本人也长期从事相关领域的研究工作，工作之余查阅了很多资料，参与了部分章节的撰写；其次，感谢东莞理工学院经济与管理学院领导给予的指导和支持，全书的撰写过程得到了学院领导的鼓励，同时，也感谢学院的同事，尤其是在出版环节给予了各种支持；最后，感谢为本书出版贡献过力量的朋友以及出版社的编辑们，本书的出版离不开大家的帮助与付出。

此外，由于相关领域已经积累了丰富的学术成果，在撰写过程中笔者参阅了大量的文献与资料，参考部分作为引文在文中进行了标注，在此对相关学者表示感谢！同时，标注遗漏之处偶有存在，相关作者也一并表示感谢！

同时，感谢读者，希望本书的一些见解和思路可以为大家进行相关问题深化研究提供一些帮助，也希望本书的一些政策建议可为我国正在进行的新型城镇化和乡村振兴提供理论指导。由于笔者的水平有限，书中存在一些瑕疵或未尽之处，敬请谅解。

马光威

2021 年 12 月